Adolf Bernhard Meyer

**Über künstlich deformirte Schädel von Borneo und Mindanao**

im Königl. Anthropologischen Museum zu Dresden

Adolf Bernhard Meyer

**Über künstlich deformirte Schädel von Borneo und Mindanao**
*im Königl. Anthropologischen Museum zu Dresden*

ISBN/EAN: 9783743487567

Hergestellt in Europa, USA, Kanada, Australien, Japan

Cover: Foto ©ninafisch / pixelio.de

Manufactured and distributed by brebook publishing software
(www.brebook.com)

Adolf Bernhard Meyer

**Über künstlich deformirte Schädel von Borneo und Mindanao**

# ÜBER
# KÜNSTLICH DEFORMIRTE SCHÄDEL

VON

## BÓRNEO UND MINDANÁO

IM KÖNIGL. ANTHROPOLOGISCHEN MUSEUM ZU DRESDEN

NEBST

BEMERKUNGEN ÜBER DIE VERBREITUNG DER SITTE DER KÜNSTLICHEN
SCHÄDEL-DEFORMIRUNG.

---

## GRATULATIONSSCHRIFT

AN

# RUDOLF VIRCHOW

VON

## A. B. MEYER.

MIT EINER TAFEL.

LEIPZIG UND DRESDEN,
VERLAG VON B. G. TEUBNER.
1881.

# RUDOLF VIRCHOW

# DEM FORSCHER UND LEHRER

ZUM

13. OCTOBER 1881

SEINEM

## SECHZIGJÄHRIGEN GEBURTSTAGE

IN DANKBARER VEREHRUNG

GEWIDMET

VON SEINEM SCHÜLER

DEM VERFASSER.

Die künstliche Deformirung des menschlichen Schädels ist bekanntlich eine über einen
sehr grossen Theil der Erde hin geübte Unsitte, welche erst allmählich vor der in die tiefsten
Thäler und bis an die entlegensten Inseln dringenden Civilisation verschwindet, wenn auch vielleicht
die Zeit nicht fern ist, in welcher nur noch die in anthropologischen Museen aufbewahrten
Schädel und die den Gegenstand behandelnden Schriften der Reisenden, der Ethnographen, der
Aerzte, Anatomen und Anthropologen an diesen merkwürdigen Gebrauch erinnern werden. Es ist
genugsam erörtert, zu welchen Zwecken derselbe geübt wurde und wird: Um die Schädelform
eines fremden, herrschenden Volksstammes nachzuahmen, um die zufällig vorhandene aussergewöhnliche Kopfform eines Mannes von Ansehen zu imitiren, um die Zusammengehörigkeit
einer bevorzugten Classe oder diejenige gleichberechtigter Kasten zu documentiren, um die geistigen
Fähigkeiten in bestimmte Bahnen zu lenken (muthig, weise zu machen), um verschiedenartigstem
Aberglauben zu huldigen, einer Mode, einem Kopfputze, einer einmal herrschenden, von den Vor-
fahren überkommenen Sitte zu Liebe, oder was der Motive sonst gewesen sein mögen und
können. In vielen Fällen wird es auch nicht möglich sein, eine unabsichtliche Schädeldeformation,
wie sie durch Lagerung des Kinderkopfes in der Wiege, beim Säugen, beim Tragen durch Ban-
dagen oder auch durch Einflüsse des Geburtsmechanismus hervorgebracht werden kann, von einer
absichtlich erzeugten zu unterscheiden.

Während einerseits die künstliche Verunstaltung des Schädels fast über ganz Amerika
und Europa, sowie über einen grossen Theil Asiens, des Ostindischen Archipels und der Südsee
geübt worden ist oder noch geübt wird — und sicherlich sind noch sehr viele Fälle aus
diesen Regionen verborgen geblieben — ist es andrerseits bemerkenswerth, dass, so viel uns
bekannt, aus Australien kein beglaubigter Fall dieser Sitte bis jetzt verzeichnet wurde, und aus
Afrika, wenn wir absehen von den Mittelmeerländern, welche culturell und ethnologisch nicht
dem „Schwarzen Continente" zugezählt werden können, nur ein einziger. Herr *Pogge*[1] nämlich
theilte neuerdings aus dem Reiche des Muata Jamwo das Folgende mit: „Den Kindern vornehmer
Eltern in Mussumba wird nach der Geburt häufig der Kopf zusammengedrückt, so dass der
Hinterkopf monströs weit nach hinten steht. Den kleinen Kindern Muata Jamwo's war der Kopf

---

[1] P. *Pogge:* Im Reiche des Muata Jamwo 1880 p. 242 fg.

derartig breit gedrückt, dass man glauben möchte, die Kinder seien als Missgeburten zur Welt gekommen." Ausserdem gelang es uns nur noch die folgenden hierher gehörigen, wenn auch keine sichere Kunde gebenden Notizen aufzufinden: Von einem Hottentoten-Schädel sagt Herr *Flower*[2]: „The frontal region is much depressed as in any of the artificially deformed Peruvian skulls; but there is no evidence of counterpressing on the occiput." Und von in Paris befindlichen Namaqua (Hottentoten)-Schädeln bemerkt Herr *Gosse*[3]: „Les Namaquois présentent un aplatissement très-marqué des côtés de la tête, qui pourrait faire soupçonner la coexistence d'une déformation temporale artificielle", was jedoch die Herren *de Quatrefages & Hamy*[3a]) nicht erwähnen, während sie der ausserordentlich starken Prognathie der Namaqua-Schädel wohl gedenken. Wir haben also weitere Nachrichten abzuwarten, um entscheiden zu können, ob hier und anderswo in Afrika der Gebrauch im Schwange ist.

Vielfältige Nachrichten und reiche Belegstücke von Schädeldeformationen zum Theil aus der Gegenwart, zum Theil aus vergangener Zeit besitzen wir von **Amerika**, vom hohen Norden angefangen in fast ununterbrochener Folge bis zum äussersten Süden. Um diese nur cursorisch und ohne Anspruch auf Vollständigkeit zu recapituliren, nennen wir folgende Stämme, Völkerschaften, Oerter und Gegenden:

Eskimos

Konjagen auf den Kadjac Inseln

Athapascas in Canada zwischen der Hudsonsbai und dem Pacific (Alaska)

Bellakulas im Nordwesten

Quatsimas, Quamichans, Koskimos, Newitties, Songhies auf Vancouver

Klalams, Suqnamish, Selipsch (Selish?) und Nutka Stämme

Tsihailis, Tschinuks[1]), Kowelits, Kliketats, Klawats, Wallawallas, Qualihoquas, Sokulks, Klatsops, Kowilderits, Wallamets, Uakids (?), Multomanes (?), Hantznks (?), Kalapuyas, Killamuks und verwandte Stämme am Columbiaflusse

Sahaptins und andere Oregonstämme

Winebagos am Michigan See

Alliwegis des Sciotothales in Ohio

Catawbas, Waksaws in Carolina

Chickasaws, Kansas, Osagen, Chactas, Creeks oder Muskogies, Natchez, Attacapas am Mississippi

Florida (Cedar-Keys, Westküste)

Comantschen in Texas

Californien (Modoks)

---

2) *W. H. Flower:* Catalogue Osteol. Vertebr. Anim. Mus. R. Coll. of Surgeons, London I, 245. 1879.

3) *L. A. Gosse:* Essai sur les déformations artificielles du crâne. Ann. d'Hygiène publ. III, 365. 1855.

3a Cran. Ethn. 1880, 397 fg., pl. 36 fig. 3 u. 4.

4) Das Dresdner Museum besitzt zwei dieser Schädel (no. 809 und 810), siehe Mitth. a. d. K. Zoolog. Mus. zu Dresden. III, 329. 1878.

Neu Mexiko

Ulmeken, Mixes, Zapoteken, Tolteken, Chichimeken, Azteken, die alten Bewohner
Palenque's in Mexiko

Totonaken auf Sacrificios und San Fernando im Golf von Mexiko

Mayas in Yukatan

Pokomams in Guatemala

Smu des Moskitogebietes

Igueris, Cariben der Antillen, der Bahama und Caribischen Inseln

Cariben von Cumana in Venezuela

Cariben, Atures am Orinoco

Muiscas und andere Bewohner Columbiens (Bogotá)

Muiscas oder Chibchas in Neu Granada (Choacti)

Ecuador

Omaguas oder Campevas am Marañon bis zum Atlantischen Ocean, Wapisianas, Tapiiras
in Nord Brasilien

Pampas del Sacramento, Conibos, Cachibos, Chinchas, Guancas, Quichuas; Truxillo,
Gran Chimu, Santa, Prisco, Cañete (Cerro del Oro), Pasamayo, Insel Coati in
Nord Perú[5])

Aimaras am Titicaca See (Collas bei Chulpa), der Provinz Munacas, in Mantas, der
Provinz Carangas, im Tacna Thal, in Arica, bei Ancon[6]); Incas und vor diesen
Apichiquis, Peclansimiquis und andere Völker Süd Perú's

Chiquitos, Charcas, Atacamas der Algodon Bai[7]), Aimaras von Potosi in Bolivien

Narayes, Carajas in Mittel Brasilien (?)

Araucaner[8]), Picunchis (vor den Incas) in Chili, Insel Huanilla

Kairiris, Botokuden und andere Bewohner von Minas Geraes in Ost Brasilien

Guaranis, Cayguás (?) (Parana) in Süd Brasilien

Catriels (?) und andere Pampas Indianer

Tehuelches und andere Patagonier[9]),

über welche alle reichhaltige Angaben u. A. bei *Catlin*, *Morton*, *Bancroft*, *Schoolcraft*, *Gosse* und
in vielen Reisebeschreibungen und Catalogen von Schädel-Sammlungen zu finden sind.

Ebenfalls reichlich fliessen die Nachrichten über künstlich deformirte Schädel aus Europa,
nur dass wir es hier vielfach mit Objecten zu thun haben, welche Individuen angehörten, deren
ethnologischen Charakter wir zum Theil nicht mehr mit Sicherheit eruiren können.

---

5) Das Dresdner Museum besitzt einen deformirten
Mumienkopf aus der Nähe Lima's (no. 1397) und einen
deformirten Schädel von Pahakama no. 592), siehe Mitth.
a. d. K. Zoolog. Mus. zu Dresden, III, 329. 1878.

6) Das Dresdner Museum besitzt drei deformirte
Mumienköpfe von diesem Fundorte (no. 1429—1431).

7) Das Dresdner Museum besitzt drei deformirte
Schädel daher (no. 1376, 1398 und 1399) l. c.

8) Das Dresdner Museum besitzt einen solchen deformirten Schädel (no. 1391) l. c.

9) Das Dresdner Museum besitzt einen deformirten
Patagonier Schädel (no. 1552).

Aus Nord England (Yorkshire, East Riding) beschrieb *George Rolleston*[10]) einen stark deformirten plagiocephalen Schädel und erwähnt mehre andere ähnliche aus derselben Gegend; aus Süd England (Wiltshire) Herr *Davis*[11]) einen macrocephalen angelsächsischen; und aus Ost England (Norfolk) berichtete Herr *Flower*[12]) über den Gebrauch, die Schädel künstlich zu deformiren; von einem Schädel endlich aus Südost England (Kent) sagt Herr *Davis*[13]): „The calvarium presents a large parietooccipital flattening and great elevation across the middle of the parietal bones, as it were the result of pressure in infancy. In confirmation of this view, the calvarium is awry; the occipital region being most flattened on the left side, with corresponding flatness on the reverse or right side of the frontal"; und bemerkt ferner[14]), dass die Schädel der alten Briten und Kelten eine „parieto-occipital flatness" erhielten, in Folge der Lagerung des Kopfes auf einem Brette.

In Schottland und Skandinavien soll zufolge Herrn *Gosse*[15]) künstliche Verbildung des Kopfes durch die Art der Lagerung des Kindes in der Wiege verursacht worden sein, wenigstens nach der Schädelform zu urtheilen.

In Frankreich wird künstliche Schädeldeformirung noch heutigen Tages vielfältig ausgeführt, und dürfte diese Sitte nach *Paul Broca*[16]) erst in einigen Generationen verschwunden sein. Das Dresdner Museum besitzt zwei ausgezeichnet deformirte französische Schädel: no. 741[17]), der variété des Deux Sèvres (Niort), déformation cylindrique allongée *(Forille)*, und no. 742[18]), der variété toulousaine, déformation frontale franche *(Topinard)* angehörig[19]), welche beide auf unserer Tafel als Figur 1 und 2 abgebildet sind. Ausgeübt wurde und wird noch zum Theil die Sitte in folgenden Gegenden Frankreichs:

im Norden: Normandie, speciell in Rouen

Bretagne

Seine inférieure, speciell in Paris

im Westen: Vendée, Département Deux Sèvres, speciell in Niort, Charente, Charente inférieur

im Süden: Gascogne, Département Gers, speciell in Auch

Languedoc, Département Haute Garonne, speciell in St. Gaudens, Toulouse, Castres, Montagne Noire, im Département Ariège, Département Aude, speciell in Carcassonne und Narbonne

10) *Greenwell & Rolleston:* British Barrows 1877,590 fg.
11) *J. B. Davis:* Thesaurus craniorum 1867, 30 fig. 47
12) *W. H. Flower:* Fashion in Deformity 1881, 38.
13) l. c. 42 no. 905.
14) *J. B. Davis:* Note on the distortions which present themselves in the Crania of the ancient Britons: Nat. Hist. Rev. 1862, 290.
15) l. c. III, 390.
16) *P. Broca:* Sur la déformation toulousaine du crâne. Bull. Soc. d'Anthrop. Paris 1871, 120. Herr *Hamy* erwähnt deformirte Schädel von Pariser Kirchhöfen, welche älter sind als aus dem 17. Jahrhundert. Siehe l. c. 1868, 301.

17) Alle Nähte erhalten, Lambda-, Sagittal- und Coronar-Naht stark gezackt. Mol. III rechts unten im Durchbruche begriffen. Capacität 1460, Länge 190, Breite 132, Höhe 133, grösster Horizontalumfang 520. Geschlecht?
18 Nähte wie bei no. 741. Jederseits an der Sagittalnaht, 20 mm hinter der Coronarnaht ein starker Höcker mit durchscheinender Knochenmasse. Trotz der starken Deformation ist der Schädel fast symmetrisch. Capacität 1450, Länge 180, Breite 142, Höhe 135, grösster Horizontalumfang 510. Geschlecht?
19) *P. Topinard:* Des déformations ethniques du crâne. Revue d'Anthrop. 1879, 501.

im Osten: Burgund, speciell Côte d'Or und Bourg en Bresse
Département Jura in Voiteur und Corveissiat
und wohl noch an vielen anderen Orten.

Von den Belgiern des 16. Jahrhunderts sagt *Vesal*[20]), dass sie die Kinderschädel allgemein, wenn auch vielleicht unabsichtlich deformirten; von den Flammändern des vorigen Jahrhunderts wird es von *Andry*[21]) berichtet.

In Holland weisen die Bewohner der Inseln der Zuiderzee nach Herrn *Virchow*[22]) derartige Eigenthümlichkeiten in ihrem Schädelbau auf, dass künstliche Deformation als mögliche Ursache zugegeben werden muss; und Herr *Davis*[23]) sagt von einem Amsterdamer Schädel: „This peculiar brachycephalic thin skull, which has a flat, low frontal bone and an unusual intertemporal diameter, bears marks of artificial deformation, in a depressed groove, about an inch wide, across the fore part of the parietals, following the course of the coronal suture".

In Deutschland fand allgemein, wenn auch vielleicht unabsichtlich, künstliche Deformation statt nach *Vesal*[24]) (1543); *Lauremberg*[25]) (1643) sagt es von den Hamburgern aus: bei den Wendinnen der Lausitz wird nach Herrn *Virchow's*[26]) Beobachtungen der Kopf dauernd eingeschnürt. Ein Fall eines macrocephalen künstlich deformirten altfränkischen Schädels von Niederolm am Rhein ist durch Herrn *Ecker*[27]) bekannt geworden; und einer aus der Ursulakirche in Cöln durch Herrn *Schaaffhausen*[28]); auch bemerkt *Blumenbach*[29]) von einem küustlich deformirten Schädel aus einem Göttinger Grabe, dass er dem amerikanischen Flachkopfe gleiche „ut ovum ovo".

Aus Oesterreich sind aus der Nähe von Krems und Wien drei ausserordentliche Macrocephalen-Schädel als Awarenschädel berühmt geworden; berühmt, weil sie mit die ersten waren, welche sich einer eingehenden Behandlung zu erfreuen hatten, und weil Herr *von Tschudi* (1845) den zuerst gefundenen als einen auf irgend eine Weise nach Oesterreich gelangten Peruaner-Schädel ansprach.[30])

In Ungarn sind neuerdings zwei künstlich verbildete macrocephale Schädel gefunden worden, und zwar bei Hofmarkt in Siebenbürgen und bei Csongrád an der Theiss in Süd Ungarn; letzterer wurde leider allein von sieben zusammen gefundenen Skeletten, alle mit deformirten Schädeln, aufbewahrt.[31])

Aus der Schweiz wird von Herrn *Gosse*[32]) berichtet, dass man bei Genf noch vor Kurzem eine „serre-tête triangulaire" anwandte, und bei Lausanne ist ein künstlich verbildeter macroce-

20) *Vesal:* De corp. hum. fabrica lib. I cap. 5 p. 16, Tom. I op. omn. Leyden 1725.

21) Bei *Gosse* l. c. 373.

22) *R. Virchow:* Beiträge zur phys. Anthropologie der Deutschen 1876, 131.

23) *J. B. Davis:* Thes. cran. 1867, 366 no. 749.

24) l. c. p. 16; *Insfeldt* (Diss. de lus. nat. 1772) warnt davor, den Binden keinen zu grossen Werth für die Entstehung der Schädelform beizulegen. (Bei *Virchow* l. c. p. 134.)

25) Bei *Blumenbach:* De gen. hum. var. nat. 1775, 60.

26) l. c. p. 137.

27) Archiv für Anthropologie 1866, 75 fg.

28) ibid. 1877, 292.

29) l. c. p. 63.

30) Siehe *J. L. Fitzinger* in Denkschriften der K. K. Akad. der Wiss. zu Wien 1853.

31) Siehe *J. von Lenhossék:* Die künstlichen Schädelverbildungen 1878.

32) l. c. IV, 72. 1855.

phaler Schädel ausgegraben worden.[33]) Auch in einem alten Schweizer Hebammenbuche findet sich eine Stelle[34]), aus welcher hervorzugehen scheint, dass man dort einst versuchte, dem Schädel eine andere Form zu geben.

Italien anlangend, so fand man in Savoyen ebenfalls künstlich deformirte macrocephale Schädel[35]), und soll früher in Genua die Sitte der Schädelverbildung ausgeübt worden sein.[36])

Von den Türken besagen alte Quellen[37]), dass sie die Schädel künstlich in Kugelform brächten; Gosse[38]) und von Baer[39]) halten den von Blumenbach[40]) abgebildeten Türkenschädel für künstlich deformirt; und Herr Weisbach[41]) bildete kürzlich einen macrocephalen Schädel von Pera ab.

Aus Griechenland berichtete von Alters her Vesal[42]) von künstlich deformirten Schädeln. Herr Davis[43]) beschrieb einen modernen Griechenschädel von Yenishehr (an den Dardanellen), dessen Anomalien dieser Forscher für „the result of deformation in infancy" erklärte. Herr Kopernicki[44]) berichtete von drei lebenden Individuen aus Griechenland mit deutlich deformirten Schädeln, zwei derselben waren aus Thessalien; Herr Topinard[45]) nach Dr. Panas von der noch kürzlich auf Chios herrschenden Sitte; Herr Flower[46]) sagt von einem Schädel von Epirus: „The occipital region is remarkably and unsymmetrically flattened, from pressure in infancy".

In Russland sollen nach Andry[47]) allgemein die Schädel flach gedrückt werden; die classische Stätte der Macrocephalen befindet sich jedoch in der Krym, und wir verdanken K. E. von Baer eine lehrreiche Abhandlung über dieselbe.[48]) Einen deformirten Kosacken-Schädel erwähnt Herr Gosse.[49]) Aus den Kaukasusländern und Armenien berichtete Herr Radde[50]) von künstlichen Deformationen; auch hat Blumenbach[51]) einen deformirten Armenier-Schädel abgebildet; von den Kalmücken führt Insfeldt[52]) die Sitte an.

Während man früher mehr oder weniger geneigt war, die aus Europa bekannten künstlich deformirten Schädel den Awaren (Krym, Oesterreich), den Hunnen (Deutschland) — trotzdem bis jetzt kein guter Beweis dafür beigebracht werden konnte, dass diese Letzteren die Sitte aus-

---

33) Troyon bei Rütimeyer & His: Crania helv. 1864. 56 u. 58.

34) Bei H. H. Ploss: Das Kind 1876 I. 285.

35) H. Gosse bei K. E. von Baer: Die Makrokephalen im Boden der Krym 1860, in Mém. de l'Acad. de St. Petersbourg VII sér. II Nr. 6 p. 9 und 72, und bei L. A. Gosse l. c. III, 359.

36) Scaliger bei von Baer l. c. p. 55 und 72, und bei Gosse l. c. III, 372.

37 Vesal bei Blumenbach l. c. p. 61 und bei Gosse l. c. III, 377.

38 l. c. III, 377.

39) l. c. p. 11.

40) Blumenbach: Decas coll. suae cran. div. gent. ill. 1 Tafel 2. 1790.

41) Mitth. d. Anthrop. Ges. zu Wien 1875, 154.

42 Bei Blumenbach: De gen. hum. var. 1775, 61.

43 l. c. p. 126 no. 257.

44) Congrès intern. d'Anthrop. Budapest 1877 I, 574. Herr Kopernicki meint bei dieser Gelegenheit, dass auf gewisse Bulgaren-Schädel nur eine leise Compression ausgeübt zu werden brauchte, um vollkommene Macrocephalen hervorzurufen (p. 575).

45) Revue d'Anthrop. 1879, 499.

46) W. H. Flower: Catalogue Ost. Vertebr. Animals Mus. R. College of Surgeons London 1879 I, 83 no. 539.

47) Bei Gosse l. c. III, 332.

48) l. c. (Anm. 35); siehe auch Fritsch in Zeitschr. f. Ethnol. 1875 Verh. 152.

49) l. c. III, 362.

50) Z. f. Ethn. 1879 Verh. 87; siehe auch Topinard in Rev. d'Anthr. 1879, 502 fg. und Gosse l. c. III, 371 Abasen nach Klaproth).

51) Decas V Taf 41.

52) Bei Gosse l. c. III, 354.

geübt haben — und noch anderen nicht sesshaften Völkern zuzuschreiben, muss eine solche Ansicht gegenüber den sich immer mehrenden Funden an den verschiedensten Orten wohl theilweise anfgegeben werden. Herr *Davis*[53]) meinte schon vor einer Reihe von Jahren von den Funden in England, Deutschland, Savoyen, der Schweiz und Oesterreich: „Sie mögen zwar keine Schädel von einem eigentlich teutonischen Völkerstamm sein, allein ich war immer der Ansicht, dass sie den eingeborenen Racen der Gegend, in welcher sie gefunden wurden, und keinem dieser fremden Volke angehören".

Aus Asien liegen bis jetzt spärlichere Nachrichten vor. Von den Maroniten in Syrien (Türken) sagt Herr *Topinard*[54]), dass sie künstlich deformirte Schädel haben, und zwar die „déformation occipitale simple". Von den Arabern berichtet es Herr *Gosse*[55]) und bildet Tafel 2, Figur 7 nach *Cuvier* einen Araber aus Algier mit seitlich comprimirtem Kopfe ab; nach Herrn *von Vámbéry*[56]) gelten bei vornehmen Arabern Rundköpfe für „nobel und distinguirt" und man sucht sie bei Knaben zu erzeugen. Herr *Weisbach*[57]) führt die Kurden an; Herr *Gosse*[58]) Medien und Persien; Herr *von Vámbéry*[59]) erzählt es von den Turkomanen; von den Kaschgaren (Uiguren) berichtet es eine chinesische Quelle aus dem 7. Jahrhundert[60]); von den Tataren[61]), den Awaren[62]), den Sarazenen[63]) (Mauren), den Muselmännern Nord Afrika's[64]) wird es im Allgemeinen behauptet, allein es verbinden sich mit diesen Namen meist keine deutlichen ethnologischen Begriffe. Von einem Hindu-Schädel aus Bengalen sagt Herr *Davis*[65]): „Presents distinct traces of annular deformation"; von einem Schädel aus Bhotan[66]): „A striking example of artificial distortion and might have belonged to an aboriginal American". Von den Aracanern in Hinterindien erzählt *Buffon*[67]): „Ils estiment un front large et plat et pour le rendre tel, ils appliquent une plaque de plomb sur le front des enfans qui viennent de naître". Die Herren *Spengel* und *von Ihering*[68]) bemerken bei einem Schädel aus Pegu: „Hinterhaupt von links (künstlich?) eingedrückt"; Herr *Flower*[69]) bei einem Schädel von Birma: „The occiput is unsymmetrically flattened posteriorly as if from pressure in infancy". Ausführlich beschreiben *Ruschenberg* und *Finlayson*[70]) deformirte Köpfe in Siam, welche besonders bei Mönchen und bei der Priesterkaste der „Talapoin's" angetroffen werden, die Deformation erinnere lebhaft an diejenige von Santa und Pahacama in Perú; Herr *Davis*[71]) sagt bei einem Thai-Schädel von Siam: „There is

53) Archiv f. Anthr. 1867, 21.
54) Rev. d'Anthr. 1879, 501.
55) Nach *Furnary, Larrey* und *Regnaud* l. c. III, 330, 371 und 377.
56) Bei *v. Lenhossék* l. c. p. 44.
57) Mitth. Anthr. Ges. Wien V, 56. 1875.
58) l. c. IV, 71.
59) Bei *v. Lenhossek* l. c. p. 20.
60) Bei *v. Baer* l. c. p. 23 und 71.
61) Ohne aber dass wir mit Herrn *von Lenhossék* (l. c. p. 93) annehmen, dass die „tatarischen Völker" das Verfahren zur Erzielung dieser Verbildung amerikanischen Völkern ursprünglich „abgelernt" hätten.

62) *v. Baer* l. c. p. 70.
63) id. l. c. p. 9 und 72.
64) *L. A. Gosse*: Essai sur les déformations artificielles du crâne. III, 330. In Betreff der Kabylen siehe Bull. Soc. d'Anthrop. Paris 1868, 263.
65) l. c. p. 139 no. 485.
66) l. c. p. 167 no. 710.
67) *Buffon:* Hist. nat. 1749, 394.
68) Die Anthropol. Sammlungen Deutschlands, II, Göttingen 1874, 48 no. 120.
69) l. c. p. 121 no. 724.
70) Bei *Gosse* l. c. III, 352 und 391 fg.
71) l. c. p. 176 no. 1192.

no doubt the deformation here alluded to is occasioned by the child's habitually selecting a position on its back, with the head always on the same side, of course a hard plane surface". Ueber künstlich deformirte Köpfe in Peking besitzen wir aus dem 17. Jahrhundert die folgende Nachricht[72]): „Un gueux à qui on a formé le derriere de la teste dés sa jeunesse, comme on le void dans la figure, il se tient assis le long des chemins auec vn chapelet au col, & ces gueux passent dans le pays pour gens d'vne grande sainteté". Der betreffende Kopf ist enorm zuckerhutartig nach hinten und oben verlängert. Herr *Gosse*[73]) berichtet ferner von einem Chinesen-Schädel in Paris unter der Rubrik: „tête aplatie sur le front". Nach *Le Comte*[74]) sollen gewisse Priester in Japan deformirte Köpfe haben. Von Kamtschatka bildete bereits *Blumenbach*[75]) einen stark deformirten Italmen-Schädel ab und sagt (pag. 7), dass auch einige andere sibirische Völker ähnlich deprimirte Schädel besässen.

Aus dem weiten Gebiete des **Ostindischen Archipels** und der **Südsee** liegen eine Reihe mehr oder weniger beglaubigte Angaben vor, zum Theil schon aus älterer Zeit. zum Theil erst aus allerneuester.

Nach *Marco Polo*[76]) übten die Bewohner der Andamanen wahrscheinlich Schädeldeformation aus, allein es ist sehr zweifelhaft, ob dieser Angabe zu vertrauen ist; jedenfalls scheint jetzt diese Sitte verschwunden zu sein, denn weder Herr *de Quatrefages*[77]), noch Herr *Virchow*[78]), noch Herr *Flower*[79]) haben künstliche Deformation an Schädeln von dort erwähnt; letzterer sagt ausdrücklich (pag. 113): „that none of the skulls present any signs of artificial deformation".

Nach *Fontana*[80]) bestand am Ende des vorigen Jahrhunderts bei den Bewohnern der Nicobaren die Gewohnheit: „de comprimer avec les mains l'occiput de l'enfant nouveau né afin de le rendre plat": und Herr *von Scherzer*[81]) berichtet aus neuerer Zeit, dass bei den Bewohnern Nangkauri's und anderer Inseln die Sitte bestehe, den Kopf des neugebornen Kindes platt zu drücken, und dass dieses eine geraume Zeit lang durch verschiedene künstliche Mittel wiederholt werde.

Von den Sumatranen sagt *W. Marsden*[82]) im Allgemeinen: „The women have the custom of compressing the heads of children newly born, whilst the skull is cartilaginous, which increases their natural tendency to that shape". Es soll sich diese allgemeine Schilderung auf alle Bewohner Sumatra's mit Ausnahme der Atjeher beziehen, allein speciell ist dieselbe auf die Redjangs im Südwesten der Insel bezüglich. In *Waitz-Gerland's* Anthropologie der Naturvölker[83]) heisst es

72) *M. Thevenot:* Relations de divers voyages curieux Nouv. Ed. II Paris 1696 (1. Ed. 1664) p. 67, sub 11 Erklärung der Figur auf der Tafel: „explication des figures contenües dans la Rel. du voy. des Hollandais à Pekin". Siehe auch *Gosse* III, 330 und 352.

73) l. c. III, 362.

74) Bei *Gosse* l. c. III, 330.

75) Nova Pentas 1828 Tafel 62.

76 Bei *Gosse* l. c. III, 331 mit Quellenangaben; in der deutschen Ausgabe der Reisen *Marco Polo's* von

*A. Bürck* (Leipzig 1845) p. 534 konnten wir jedoch Nichts dergleichen aufinden; es heisst dort nur: „Die Einwohner .... haben Kopf, Augen und Zähne ganz wie die Hunde".

77) Revue d'Anthrop. I, 63 fg. 1872.

78) Z. f. Ethnol. VII Verh. 70. 1875.

79) Journ. Anthrop. Inst. IX, 108 fg.

80) Bei *Gosse* l. c. III, 330 u. 391.

81) Novara-Reise, Volksausg. I, 431. 1864.

82) Hist. of Sumatra 3. ed. 1811. 44.

83) V, 1. Abth., 85. 1865.

13

von den Malayen auf der Halbinsel Malakka und in einem Theile Sumátra's: „Den neugeborenen
Kindern wird .... der Schädel zusammengepresst, so dass er eine spitzige Gestalt erhält, .... doch
scheint es nicht, dass man kräftigere Mittel dauernd anwendet, um dem Kopfe eine künstliche Gestalt zu geben, dessen Form daher schwerlich durch jene Einflüsse merklich verändert wird". Herr
*Gosse*[84]) sagt von den Bewohnern Sumátra's und Java's im Allgemeinen: „Ils déprimaient vrai-
semblablement la région occipitale de la tête, comme ils le font encore de nos jours".

Was Java ferner anlangt, so ist uns nur eine einzige positive Angabe über künstliche
Schädeldeformation bekannt geworden, und zwar diejenige von Herrn *Swaring*[85]): „De iulandsche
vroedvrouw tracht het hoofd wel te fatsoeneeren na de geboorte", mit dem Zusatze aber: „doch of zij
door die kunstmatige behandeling met ligte handgrepen het hoofd van vorm doet veranderen, be-
twijfelen wij zeer". Herr *Gosse*[86]) sah an einem jungen Javaner-Schädel eine „occipito-nasal" Deformation. Auffallend ist die so stark zurückliegende Stirn an vielen javanischen Wajang-(Schat-
tenspiel) Figuren. Eine unbeabsichtigte Deformation an den Köpfen der javanischen Kinder kann
keinenfalls in Abrede gestellt werden. An Schädeln von Malayen[87]) und speciell solchen von Java
ist von *J. van der Hoeven*[88]) und *C. Swaring*[89]) eine häufig auftretende Asymmetrie beobachtet und
von Herrn *Halbertsma*[90]) zum Gegenstande einer besonderen Abhandlung gemacht worden (deutliche
Asymmetrien kommen in circa 60 $^0$/$_0$ vor und von drei schiefen Schädeln sind zwei links abgeflacht); derselbe fasst diese Asymmetrie auf als eine Folge der linksseitigen Lagerung des Kindes auf harter Unter-
lage[91]), Herr *Zuckerkandl*[92]) dagegen als eine Folge von Einflüssen des Geburtsmechanismus[93]),

84) l. c. IV, 48.
85) Natuurk.Tijdschr. v.Nederl. IndieXXIII,256.1861.
86) l. c. III, 333.
87) Wir wollen an dieser Stelle nicht unerwähnt
lassen, dass Herr Gosse (l. c. III, 333) eine parietale
Deformation bei einem Madagaskar-Schädel beobachtet hat, und dass die Herren *de Quatrefages & Hamy*
(Cran. Ethn. 1860, 385) von einem Hova-Schädel sagen:
„Non seulement offre nombre de points de ressemblance avec les crânes de la Sonde, mais présente de
plus la déformation céphalique si répandue encore au-
jourd'hui chez les Malais. Le quart postérieur de ses
pariétaux et toute la portion cérébrale de l'écaille occipitale forment un plan presque vertical, dont nous
avons fréquemment eu l'occasion de constater la présence
chez les Javanais etc."
88) *J. v. d. Hoeven:* Cat. cran. div. gent. 1860, 26 fg.;
p. 36: „Ceterum cranium Javanorum quemadmodum
universae Malaicarum gentium, saepissime est asym-
metricum". Asymmetrische Schädel findet man an vielen
Orten beschrieben aus Sumátra, Bórneo, Celébes etc.
Wir erwähnten (Mitth. a. d. K. Zool. Mus. zu Dresden,
II, 173. 1877), dass unter 135 Papúa-Schädeln von Neu
Guinea 40 %/$_0$ asymmetrisch seien.
89) Nat. Tijdschr. v. N. Ind. XXIII, 256. 1861: „De
vrij algemeene asymetrie en scheefheid van den schedel
bij de Indische volken verdient onze opmerking".

90) Nederl. Tijdschr. voor de Dierkunde III, 90 fg.
1866. Herr *Halbertsma* zeigte zugleich, dass bei Schädeln
von Geisteskranken die Asymmetrie bedeutender sei als
bei denen Gesunder.
91) Schon Herr *Swaring* hatte (l. c.) bemerkt: „Dat
het slapen op den rug met het achterhoofd op een hard
ligchaam, of op ééne der zijden met het hoofd in een
zacht kussen, eenen verschillenden invloed op der vorm
des schedels van het kind moet hebben, zal niemand
zeker in twijfel trekken".
92) Novara-Reise: Anthrop. Theil I. Abth. p. 44 fg.
1875.
93) Die erste Schädellage, bei welcher die rechte
Schädelhälfte vorne im Becken fixirt und die linke verschoben wird, kommt 2 bis 2½ Mal so oft vor als die
zweite, und werde daher, und je breiter die Schädel
einer Race sind, um so öfter eine Asymmetrie verur-
sachen. Verschiebungen der Schädelsegmente beim
Durchgange des Kopfes durch das Becken gleichen sich
nach der Geburt wieder aus, wenn auch nach Herrn
*Zuckerkandl's* Untersuchungen nicht so rasch, wie die
Geburtshelfer im Allgemeinen annehmen; bei gegen-
seitiger Verschiebung der Schädelhälften aber in Folge
von Missverhältnissen zwischen Becken der Mutter und
Kinderschädel gleichen sich die entstandenen Asymmetrien
zum Theil überhaupt nicht wieder aus. Aehnlich hatte
sich schon *G. A. Michaelis* ausgesprochen; derselbe sagt

(wie wir, um uns von unserem Texte nicht zu weit zu verlieren, in der Anmerkung unten des

Das enge Becken, herausg. v. C. C. Th. *Litzmann* 1851, 256): „Die stärkste allgemeine Verschiebung zeigt sich bei dem gleichmässig verengten Becken. Sie befolgt hier bei nicht sehr verengtem Becken die allgemeine Regel, dass die Scheitelbeine über die Stirnbeine und über das Hinterhauptbein, und das nach vorn liegende Scheitelbein über das andere hinübertreten. Bei grösserem Missverhältniss ist die Verschiebung gewöhnlich unregelmässig und kann dem Kopfe eine wohl für das ganze Leben bestehende schiefe Gestalt geben Es tritt nämlich bei erster Schädellage die rechte Seite der sutura coronalis sowohl als der sutura lambdoidea über das rechte Scheitelbein hinüber, die linke Seite beider Nähte aber unter das linke Scheitelbein; bei zweiter Schädellage in umgekehrter Ordnung, und so wird Stirn und Hinterhaupt nach einer Seite hin verschoben und der ganze Kopf erscheint von oben gesehen sehr schief."

*A. Stadfeldt* (On the asymmetry of the body of the human skeleton, Quart. Journ. Med. Sc. Aug. 1864, 6 des Sep. Abdr.) hat eine von der Geburt unabhängige Asymmetrie nachgewiesen, welche bei fast allen Kinderschädeln und beim Foetus vorkommt: „The scoliosis pervading the whole body of the skeleton is a remnant of the spiral rotation of the embryo in the ovum" und (p. 8): „Thus those who speak of a change of form of the head from pressure in the womb or during birth, must overlook this constant, often very considerable, asymmetry in the infant head". Allein wir bezweifeln, dass diese Asymmetrie für extrauterine Verhältnisse oder für die Asymmetrie, welche wir hier besprechen, in Frage kommt, wenigstens bedürfte dieses einer weiteren Untersuchung, wogegen wir nicht bezweifeln, dass in vielen Fällen die bleibende Asymmetrie in den oben berührten Vorgängen ihren Grund hat

Man kennt viele Beispiele von bleibenden Formanomalien des Schädels, welche lediglich eine Folge sind des Geburtsmechanismus und des operativen Eingriffes bei der Geburt. So ist z. B. die bei der Geburt in Gesichtslage verhältnissmässig so oft erscheinende stark dolichocephale Schädelform mit sattelförmiger Einsenkung in der Gegend der grossen Fontanelle eine Folge der auf den Geburtswegen oft bei Beckenenge (welche ein prädisponirendes Moment für die Entstehung der Gesichtslagen abgiebt) der Frucht sich entgegenstellenden Hindernisse und des starken Druckes, welcher beim Geburtsacte auf den Schädel einwirkt (siehe *F. Winckel:* Klin. Beob. zur Path. d. Geburt 1869, 92 und Berichte u. Studien III, 338. 1879). Wenn eine auf diese Weise hervorgerufene Dolichocephalie auch in vielen Fällen in kürzerer Zeit wieder verschwindet, so kann sie unter Umständen doch als bleibende Form sich erhalten (siehe *C. Hecker:* Ueber die Schädelform bei Gesichtslagen 1869, 39 u. Abbild.; Herr *Hecker* sieht allerdings die Geburt in Gesichtslage

als eine Folge der schon vorhandenen dolichocephalen Schädelform an, eine Ansicht, welche jedoch unserer Meinung nach nicht haltbar ist). So sagt *Michaelis* (l. c. in dem Capitel über die Formveränderung, welche der Kopf des Kindes im engen Becken erleidet, p. 266) von dem löffelförmigen Eindruck der Kopfknochen: „Harte Kopfknochen und ein schärfer vorragendes Promontorium geben besonders Veranlassung zu diesen beschränkten aber tiefen Eindrücken. Sie kommen zwar bei natürlich verlaufenden Geburten nicht ganz selten vor, viel häufiger aber sind sie die Folge des gewaltsamen Zangengebrauches". Ferner p. 269: „Der Eindruck des Stirnbeins ist von allen der tiefste, hat die schärfsten Ränder und wird, wie ich glaube, sich nie von selbst völlig ausgleichen, noch durch Kunst gehoben werden können. Vielmehr verwächst er nur sehr allmählich und gewöhnlich wohl nicht vollständig. Denn ich habe Erwachsene gesehen, bei denen die Flachheit der Stirn über dem einen Stirnbeinhöcker als Rückstand der Grube noch deutlich zu erkennen und für den mit der Sache vertrauten charakteristisch auffallend war". (Ich verdanke Herrn *Winckel* die mündliche Mittheilung eines solchen Falles, wo der Träger der Deformation wusste, dass dieselbe vom Zangengebrauche bei seiner Geburt herrührte.) Endlich p. 271: „Am Scheitelbein findet sich die löffelförmige Einbiegung am häufigsten zwischen dem Tuber und der grossen Fontanelle und wird sowohl durch die Kraft der Wehen allein als auch durch die Anlegung der Zange bewirkt". Es ist also vielleicht nicht zu weit gegangen, wenn man mit Herrn *Walther* (siehe *F. Winckel:* Ber. u. Studien III, 342 fg. 1879) annimmt, dass die selbst während kurz dauernder Geburt erworbenen Eigenthümlichkeiten der Schädelform im Allgemeinen persistiren, wenn auch eine theilweise Restitution stattfindet. So sagt auch Herr *Zuckerkandl* (Mitth. d. Anthrop. Ges. zu Wien IV, 51. 1874): „Die Aetiologie asymmetrischer Cranien ohne Nahtsynostose besteht also allem zufolge in einer aufgezwungenen Verschiebung des der Geburtswege passirenden, zuweilen verschieden lang in denselben verharrenden Schädels, bei mehr oder minder vorhandenem Missverhältniss zwischen Schädelgrösse und den Beckendurchmessern. Diese Thatsachen sind gewiss der Berücksichtigung würdig, denn sie zeigen, wie durch abnorme Geburtsverhältnisse persistente Schädelformen hervorgerufen werden, und ich glaube nicht fehlzugreifen, wenn ich behaupte, dass noch mehrere andere Schädelformen mit wohlerhaltenen Nähten nicht aus immanenten Naturanlagen entstehen, sondern in rohen mechanischen Einflüssen ihren Urgrund zu suchen haben".

Wenn demnach viele Anthropologen ausgesprochenermaassen annehmen, dass eine kurze Einwirkung deformirender Gewalten auf den Schädel gleich nach der

Näheren besprechen) und *George Rolleston*[94]) als eine Folge der Rechtshändigkeit der Mütter Von einem Schädel der Insel Bali sagt Herr *Davis*[95]): „Approaches closely to the American crania deformed by occipito-frontal pressure, it is so great as to render it very difficult to look upon the distortion as unintentional". Die Herren *Spengel* und *von Ihering*[96]) bemerken bei einem „Alfuren"-Schädel von Bali: „Der Schädel scheint seine eigenthümliche Form mit steil abfallendem Hinterhaupt, flachem Scheitel und stark gewölbter Stirn künstlichen Eingriffen zu verdanken".

Ueber künstliche Schädeldeformation auf Borneo siehe Seite 27.

Auch von Celébes besitzen wir nunmehr mannigfache Nachrichten, welche von der weiten Verbreitung dieser Unsitte auf der Insel Zeugniss geben. Von einem Makassaren-Schädel (Süd Celébes) sagte Herr *Davis*[97]): „Has an extensive parieto-occipital flattening; the result is a brachycephalism which scarcely seems compatible with undesignedness; yet there is good reason to believe it accidental. This is probably the most exaggerated instance of this deformation in the collection". Der von *Blumenbach*[98]) abgebildete Schädel eines „Makassarischen Mädchens von Mandar"[99]) scheint künstlich deformirt zu sein, ohne jedoch dass dieses im Texte gesagt sei, und auch ohne dass die Herren *Spengel* und *von Ihering*[100]) es constatiren; ebenso scheint der asymmetrische Mandar-Schädel, welchen Herr *Swaring*[101]) beschrieb, künstlich deformirt zu sein; desgleichen der asymmetrische Bugis-Schädel[102]), von welchem dieser Forscher sagt: „Het kortste

Geburt, wie sie von so vielen Völkern nach den Berichten alter und neuer Reisender geübt wird, gar keinen Effect habe, sondern dass diese Einwirkung Monate und Jahre lang stattfinden müsse, um eine bleibende Formveränderng zu bewirken, so ist dieses, unserer Ansicht nach, nicht so schlechthin zu behaupten: wenn nur die Procedur, welche die Schädelform modificiren soll, energisch genug ist oder in besonderer, zweckentsprechender Weise, wie sie vielleicht die Erfahrung lehrte, vorgenommen wird, so kann sie, selbst bei nur einmaliger Einwirkung, doch wohl genügen, um eine bleibende Gestaltveränderung hervorzurufen.

94) *Greenwall & Rolleston:* British Barrows 1877, 573: „The wish to keep the right arm free causes the left arm to be usually employed for carrying a child; the pressure of a sling used in aid of the left arm would come to bear mainly on the left side of the child's head, and the observed flattening would thus be accounted for".

95) l. c. p. 284 no. 274.

96) Die Anthropol. Sammlungen Deutschland's, II Göttingen 1874, 51 no. 357. Dieser Schädel ist von *Dr. Muhlert* nach Göttingen geschenkt worden unter der Angabe: „Alfure, Inhaber des Schädels wurde auf der Insel Bali 'hingerichtet"; Herr *Schaaffhausen* sagt dazu: „Der Schädel hat alle Merkmale eines Javaners" und p. 86 von demselben, dass er ihn für einen „Javanesen" halte; allein die Bezeichnung „Alfure"

deutet vielmehr auf Celébes, da die heidnischen Bewohner der Minahassa im Ostindischen Archipel primo loco „Alfuren" genannt werden und meint man damit nichts Anderes als „Heiden" (siehe auch *A. B. Meyer:* Die Minahassa auf Celébes in *Virchow* und *von Holtzendorff's* Gemeinverst. Vorträgen 1876); die heidnischen Bewohner Ceram's und der Molukken nennt man ebenfalls „Alfuren", allein weniger häufig, dagegen werden Bewohner Bali's nie „Alfuren" genannt. Ich vermuthe um so mehr, dass dieser Schädel von Nord Celébes stammt, als der ebenfalls von *Dr. Muhlert* geschenkte und ebenfalls künstlich deformirte Schädel no. 2 des Hildesheimer Museums (Die Anthr. Samml. etc. II, 92) die Bezeichnung „Alfure von Celebes" trägt und die Bitte des künstlichen Schädeldeformation auf Celébes weit verbreitet ist (siehe unten). Ein auf „Bali hingerichteter Alfure" kann nur als ein zufällig nach dort verschlagener „Alfure" verstanden werden, welcher eines Verbrechens wegen hingerichtet wurde.

97) l. c. p. 288 no. 1395.

98) Decas VI Taf. 59, p. 17.

99) Diese Bezeichnung ist unklar, da Mandar viel nördlicher liegt als das Makassarische Gebiet reicht; es wird ein Mädchen aus Mandar gewesen sein, welches in Makassar gestorben ist.

100) Die Anthrop. Slgen. etc. II, 53. 1874.

101) Nat. Tijdschr. v. Ned. Ind. XXIV, 207. 1862. Herr *Swaring* stellt die Mandaresen zu den Manadoresen!

102) l. c. p. 202 no. 5.

van alle schedels die tot dus verre van Borneo of Celebes door ons gemeten zijn"; wie endlich auch der abgebildete[103]) asymmetrische Bugis-Schädel. Von einem Bugis-Schädel des Museum Vrolik[104]) heisst es: „Plus que tout autre ce crâne fait l'effet d'avoir été comprimé à son jeune âge par une grande force agissant d'arrière en avant"; und auch der von *Blumenbach*[105]) abgebildete Bugis-Schädel scheint in derselben Weise deformirt, was jedoch in der Beschreibung nicht gesagt ist. Endlich bemerkt Herr *Riedel*[106]), dass die Sitte von den Bugis ausgeübt werde.

Diesem auf so verschiedenen Gebieten unermüdlichen Forscher verdanken wir auch die erste sichere Nachricht über künstliche Schädeldeformation in Nord Celébes; er sagt von den Bewohnern Buol's, Kaidipan's und Bolang-itam's in Nord Celébes, südlich von der Minahassa[107]): „Man umwindet die Schädel der Kinder mit ausgeklopfter Rinde von dem Lahendang Baume. später mit Baumwolle und klemmt sie vorn und hinten zwischen zwei Bretter; sie bekommen dadurch eine ungewöhnliche Breite, welche für einen besonderen Zug von Schönheit gehalten wird. Ein Kind wird gewöhnlich vier bis fünf Monate zwischen die Bretter gelegt". Und[108]): „Vijftien of twintig dagen oud zijnde, wordt het Kind het vóór-en achterhoofd tusschen twee plankjes geklemd en tot eene maand lang in de wieg gelegd". Im Jahre 1876 sandte Herr *Riedel* das Modell einer Wiege ein[109]), wie sie in Buol benutzt wird, um die Schädel der adeligen Kinder zu deformiren und sagt, dass dieselben 6 bis 8 Monate festgebunden bleiben und nur an jedem zweiten Tage zum Baden losgemacht werden. Fern ertheilte Herr *Wilken* bald darauf mit[110]), dass dieselbe Sitte noch in der Minahassa in Passan und Rataban herrsche: „Deze handeling geschiedt ongeveer eene week na de geboorte. Het plankje, met linnen lappen omwonden, wordt door middel van banden stijl tegen het voorhoofd bevestigd. Telken morgen wanneer het kind gebaad wordt, wordt het plankje los gemaakt, doch onmiddelijk daarop op dezelfde wijze weder vast gebonden. Dit proces duurt ongeveer 50 tot 60 dagen. Het afplatten van het voorhoofd heet ‚taleran'. Vroeger was dit gebruik een prerogatief van den adel. Tegenwordig echter is, althans bij den hoogeren adel deze gewoonte niet meer in zwang, en langzamerhand op den gewonen negorijman overgegaan, bij wien zij heden ten dage nog vrij algemeen voorkomt". Zu derselben Zeit konnte Herr *Riedel*[111]) wiederum die Sitte bei Stämmen von Central Celébes, den Toragi, Tondai, Toran und Tomori nachweisen: „40 Tage nach der Geburt werden die Schädel der Knaben zwischen drei Bretter eingeklemmt. Den Apparat nennt man paupi. Die Klemmung an beiden Seiten des Gesichts geschieht, wie man mir mittheilt, um die Männer im Kriege unerschrocken zu machen. Die Schädel der Mädchen werden auf eine andere Weise difformirt. Man nimmt dazu ein Stück in der Sonne getrocknete Erde, porempe genannt, umwickelt dasselbe mit ausgeklopfter Baumrinde und bindet es an die Stirne fest, um dieselbe breit zu machen und dadurch die Schön-

103) l. c. p. 204 no. 8.
104) *J. L. Dusseau*, Musée Vrolik 1865, 105 no. 241.
105) Decas V Taf. 49, p. 18. Herr *Swaving* (l. c.) hält diesen Schädel ebenfalls für einen Manado-Schädel!
106) Zeitschr. f Ethnol. VII Verh. 11, 1875.
107) Zeitschr. f. Ethnol. III, 110. 1871. Tafel V, fig. 1. Siehe auch *A. B. Meyer*: Die Minahassa l. c. p. 30 fg.

108 Tijdschr. v. Ind. taal, land en volkenkunde XVIII, 196 und 205. 1872.
109) Z. f. Ethnol. VIII, Verh. 69, 1876.
110) Tijdschr. v. Ind. taal, land en volkenkunde XXI, 374. 1874.
111) Z. f. Ethnol. VI, Verh. 215. 1874 mit Abbildungen.

heit der Weiber zu vermehren. Die Kunstbewirkung dauert vier bis fünf Monate ununterbrochen. Die Schädel von einigen Kaili-Mädchen difformirt man ebenso". Endlich berichtete Herr *Riedel*[112]), dass die Sitte noch ausgeübt werde „unter den Bantiks[113]) der Minahassa und Mongondu's" und in Mongondu, und dass sie früher ausgeübt wurde von den Toumbulu's, Tounsea's und Toumpakewa's in der Minahassa und von den Mongondu's; Herr *Riedel* bildet sogar das Instrument, mit welchem die Abplattung der Stirn vorgenommen „wird", ab und berichtet, dass es im Toumbulu'schen Dialect pepeseh heisse, woraus hervorzugehen scheint, dass der Gebrauch erst vor Kurzem erloschen ist, da sich sonst Instrument und Name desselben nicht erhalten hätte.

Von einem Schädel „eines jungen (?) Alfuren von Celebes", welcher im Museum zu Hildesheim aufbewahrt wird, sagen die Herren *Spengel* und *von Ihering*[114]): „Künstlich deformirt: Das Hinterhaupt stark abgeplattet, steil abfallend. Vermuthlich von einem erwachsenen Negrito herrührend"; allein da es auf Celébes keine Negrito's giebt, so ist diese Bemerkung irre führend; Herr *Schaaffhausen* bemerkte (pag. 93) dazu: „Ein reiner Negrito ist er sicher nicht". Jedenfalls scheint die Sitte auf Celébes weit verbreitet gewesen zu sein und auch vielfach noch jetzt ausgeübt zu werden.

Ebenso auf den Philippinen, wie übrigens schon seit dem 17. Jahrhundert bekannt ist, wenn auch erst neuerdings wiederum jene ältere Angabe eine Bestätigung fand, worüber Näheres unten.

Von der Carolinen-Insel Eten, Ruk-Gruppe, beschreibt Herr *Krause*[115]) einen zu einem Skelet gehörigen Schädel und sagt von demselben: „Hinter der Kranznaht eine Einsattelung, welche wahrscheinlich durch künstliche Deformation während der ersten Lebensjahre beigebracht ist"; von einem anderen Schädel von Toloas, ebenfalls Ruk-Gruppe[116]): „Hinter der Kranznaht eine Scheitelrinne, wie sie bei künstlichen Deformationen aufzutreten pflegt"; von einem Schädel der Mortlock-Gruppe: „Spuren künstlicher Deformation sind deutlich sichtbar". Herr *Davis*[118]) sagt von sehr langen und schmalen Schädeln der Carolinen: „They are not universal among these people, who sometimes unintentionally flatten the occipital region of their infants by the mode of nursing they make use of".

Bei einem Schädel der Gilbert-Insel Mejuro bemerkt Herr *Krause*[119]): „Hinter der Kranznaht eine kleine Einsattelung, die an künstliche Deformation erinnert"; und bei einem von der Insel Apamama[120]): „Hinter der Kranznaht eine Scheitelrinne, wie man sie bei künstlich deformirten Schädeln zu finden pflegt".

Wenden wir uns von Mikronesien nach Polynesien, so liegen über die Handhabung der Sitte bei den Sandwich Insulanern einige positivere Angaben vor. Schon *Retzius*[121]) nennt

112) Ibid. VII. Verh. 11. 1875 mit Abbild.
113) Die Bantiks sind ein Stamm von dunkler Herkunft, welcher sich gesondert hält und seine heidnische Religion nicht aufgiebt.
114) Die Anthrop. Sigen. etc. II, 92 no. 2. 1874.
115) Die Ethnol. Anthrop. Abth. des Museum Godeffroy 1881, 660. no. 16607.

116) l. c. p. 662 no. 16599.
117) l. c. p. 660 no. 13747.
118) *J. B. Davis:* On synostotic crania, Nat. Verh. Holl. Maatsch. Wetensch. Haarlem XXII, 31. 1865.
119) l. c. p. 650 no. 14668.
120) l. c. p. 651 no 13763.
121) *Müller's* Archiv 1847, 505.

3

das Hinterhaupt der Schädel derselben „abschüssig“, und *Hale* sagt, die Schläfen seien wie eingedrückt und das Hinterhaupt auffallend platt. „Da diese letztere Eigenthümlichkeit für schön galt, so wurden schon die Kinderschädel durch künstliche Mittel abgeplattet“.[122]) Herr *Davis*[123]) sagt von den Kanaken: „a people who resort to different means to modify the form of the head“; und führt in seinem Schädelcatalog[124]) bei 14 Kanaken-Schädel, unter 140, an, dass sie künstlich deformirt seien: no. 309 von Owaihi (Hawaii): „The occipital region has been flattened“; no. 991 ebendaher: „A singularly wry calvarium, no part of which has escaped obliquity from parieto-parietal pressure“; no. 335: „Has great parieto occipital flattening“; no. 415 von Kahuka (Oahu): „Has indications of annular deformation“; no. 428, wie alle folgenden von Oahu: „Exhibits parieto-occipital flattening“; no. 477: „Is awry in the occipital region from flattening on the left side“; no. 603: „This large skull is very much awry, especially in the occipital region, no doubt from pressure in infancy“; no. 609: „This very brachycephalic skull presents a broad occiput, probably flattened in infancy“; no. 618: „This singular skull of an aged Kanaka presents the form of the distorted Chenook calvarium to a great extent. This assuredly is the effect of art, although marks of art are not distinguishable“; no. 641: „The calvarium is much awry in the occipital region from parieto-occipital flattening towards the left side“; no. 650: „Approaching closely to the Chenook form. It must have been compressed in infancy“; no. 656: „Occipital region awry from parieto-occipital flattening on the right side“; no. 664: „A portion of the extreme interparietal breadth is to be attributed to parieto-occipital flattening“; no. 945: „Presents indications of considerable parieto-occipital flattening on the right side of the occiput“.

Von den Schädeln der Marquesas Insulaner heisst es bei *Waitz-Gerland*[125]): „Seitlich zusammengedrückt mit niedriger Stirn, Hinterkopf schief nach vorwärts wie abgeschnitten“; und Herr *Davis*[126]) sagt von einem Nukahiva-Schädel: „Has much the appearance of having been distorted by art . . . . . the frontal and occipital appear as if they had been flattened, and the calvarium is lengthened“.

Von den Schädeln der Bewohner der Oster-Insel sagt *Du Petit-Thouars*[127]): „Le haut de leur tête semble avoir été comprimé, car elle se termine toujours en forme oblongue“.

J. A. *Moerenhout*[128]) erzählt das Folgende, was sich, wie es scheint, speciell auf die Pa-motu-Gruppe beziehen soll: „Une coutume fort singulière et que je crois devoir mentionner ici, c'était celle de comprimer et de pétrir, en quelque sorte, la tête et la figure d'un enfant nouveauné. S'il appartenait à un chef, et que ce fût un garçon, on lui pressait le sommet de la tête, et l'on tâchait de lui donner un front proéminent, étroit d'en haut; mais, dans tout autre cas,

122) Nach *Cheever* bei *Waitz-Gerland*: Anthr. d. Naturvölker VI, 21. 1872.
123) l. c. (Anm. 118) p. 32.
124) Thes. cran. 1867 p. 326—29, 331, 334—36, 340—43. In einer Anmerkung p. 326 citirt Herr *Davis* Herrn *Gosse* (Déf. du cráne p. 75) als Autorität dafür, dass die Sandwich Insulaner die Schädel deformiren, Herr *Gosse* sagt dieses aber an der betreffenden Stelle

von Taïti (siehe unten).
125) Anthr. d. Naturv. VI, 20 1872, nach *Rodriquet* und *Meier*.
126) l. c. p. 319 no. 579.
127) Voyage autour du monde s. la frégate la Vénus 1836—39 II, 229. 1841.
128) J. A. *Moerenhout*: Voyages aux îles du Grand Océan II, 59. 1837.

sans tenir compte de son sexe et de sa condition sociale, ou lui aplatissait le derrière de la tête et le nez.... Ces formes, au reste, différaient, suivant les goûts. Il y a, dans l'île de la chaîne, des familles entières dont chaque membre a, derrière de la tête, une grosse bosse que sa mère ou sa nourrice ont pris la peine de lui ménager peu de temps après sa naissance". Dieses Zeugniss ist von besonderem Werthe, da *Moerenhout* lange auf den Inseln der Südsee gelebt hat.

Von den Schädeln der Gesellschafts-Insulaner bemerkt *W. Ellis*[129]): „The facial angle is frequently as perpendicular as in the European structure, excepting where the frontal and the occipital bones of the skull were pressed together in infancy. This was frequently done by the mothers with the male children when they were designed for warriors"; und[130]): „The forehead and the back of the head of the boys were pressed upwards, so that the upper part of the skull appeared in the shape of a wedge".[131]) Herr *Gosse*[132]) berichtet nach *de Mariraux*, welcher drei Jahre um 1849 herum auf Taïti lebte: „Il m'a affirmé que depuis 1813 grâce à l'influence des missionnaires anglais, les habitants ont abandonnés l'ancienne déformation occipito-frontale; mais que les mères se bornaient à comprimer le derrière de la tête de leurs garçons, soit avec les mains, soit en les fixant sur le dos contre une planche servant de berceau, de manière à aplatir le crâne au niveau de la rencontre de l'occipital et des pariétaux. Ils considèrent cette déformation comme une beauté, et lui donnent le nom de upooparaurau (tête aplatie). Chez quelques individus elle s'efface peu à peu, mais dans un certain nombre elle subsiste pendant le reste de la vie".

Von den Samoa Inseln sagt Herr *Turner*[133]): „As to nursing, during the first two or three days, the nurse bestowed great attention to the head of the child, that it might be modified and shaped after notions of propriety and beauty. The child was laid on its back, and the head surrounded with three flat stones. One was placed close to the crown of the head, and one on either side. The forehead was then pressed with the hand, that it might be flattened". Diesen Ausspruch hat wohl Herr *Friedrich Müller*[134]) bei seiner allgemeinen Schilderung der Malayen zu Grunde gelegt. Neuerdings ist es von Herrn *Kubary*[135]) bestätigt worden: „Das samoanische Kopfideal scheint meinen Forschungen nach ein brachycephaler Orthognatismus zu sein, und um solchen den neugebornen Kindern zu sichern, suchten die Eltern dies durch künstliche Beihilfe herbeizuführen. Als Material dienten hier vier flache, im Flussbette aufgesuchte Lavascherben, die ‚atá' hiessen und mit welchen dann der Schädel des neugebornen Kindes bis zum Abtrocknen der Nabelschnur umgeben wurde. Die Steine respective Scherben kamen nicht direct mit den Schädelknochen in Berührung, sondern waren in das Zeug, mit welchem der Kopf des Kindes umwickelt, eingebettet. Ein Stein lag unter dem Occiput, dann je einer an den Seiten

129) Polynesian Researches 2. ed. I, 80. 1832.
130) l. c. p. 261.
131) *Marsden* (Hist. of Sumatra 1811 3. ed. p. 45) sagt: „Capt. *Cook* takes notice of a similar operation at the Island of Ulietea". Vorher war die Rede vom Comprimiren der Köpfe (s. oben sub Sumatra) und auch vom Plattdrücken der Nasen. Bei *Cook* konnten wir jedoch keine Notiz über Deformirung der Köpfe auf Ulietea (Raiatea) finden, er spricht nur vom Platt-

drücken der Nasen (Voy. towards the South Pole I, 366. 1777).
132) l. c. III, 391.
133) *G. Turner:* Nineteen years in Polynesia 1861, 175.
134) Novara Reise. Anthrop. Theil III (Ethnogr.), 40. 1868.
135) In der verdienstvollen Arbeit des Herrn *Schmeltz:* Die Ethn. Anthr. Abth. des Museum Godeffroy in Hamburg 1881, 472.

und schliesslich einer auf der Oberstirn. Bei Ausführung dieser Operation ging man sehr vorsichtig und rasch zu Werke, denn die Zeit, wo die Schädelknochen noch ganz weich und nachgiebig sind, erstreckt sich nur auf die ersten paar Tage nach der Geburt. Das Pressen der Stirn wurde sehr gelinde betrieben und die Resultate der Operation waren manchmal sehr imaginär. Man hört oft in Samoa den Ausruf: ‚O welch' ein Keilkopf! Hat denn der Mann keine Mutter gehabt, die ihm den Kopf machte?' Und diese Sitte des Schädelformens ist auch heute durchaus noch nicht abgekommen und wird bei jedem, etwa einen Keilkopf versprechenden Kinde noch heute versucht. Nachdem die Anwendung der Steine aufgehört hat, bearbeitet die Mutter den Kopf des Säuglings während langer Zeit, indem sie mit der flachen Hand die Stirn desselben niederpresst, wobei der Hinterkopf auf ihrem Schenkel ruht, und manipulirt zur selben Zeit nun auch an seiner Nase herum".[136]

Von den Tonganern berichtete Herr *Wood*[136a], dass sie die Schädel deformiren: „My servant, a native of Rotumah, .... assures me that the Tongans also practise this, and from the appearance of the Tongans' heads I do not doubt it".

Von Futuna (Hoorn Insel), welche zu den Freundschafts Inseln gehört, erzählt derselbe Autor[137]: In the course of my last voyage in the South Seas, in the year 1873, I visited Futuna .... While yet at some distance from the island, several canoe loads of natives boarded me, and I at once noticed the extraordinary flatness of the backs of their heads. During my stay at the island I called the attention of one of their chiefs to this fact, who informed me, that it was their custom to place a heavy roll of ‚tappa', or native cloth, on the heads of the young children, with the object of giving their heads a high and shallow shape, which is considered to be ornamental". Und von Uvea (Wallis Insel), welche zu derselben Gruppe gehört, sagt dieser Autor: „After leaving Futuna I visited .... Uvea .... and found that the same practice was in vogue there". Herr *Gosse*[138] hatte einen deformirten Schädel von dieser Insel im Pariser Museum vor sich und sagt von demselben: „Appartenant à un enfant d'environ huit ans, déprimé par derrière; .... offre un développement remarquable de toute sa partie antérieure, soit en largeur, soit en hauteur et en voussure".

Nach *Jate*[139] herrschte auch auf Neu Seeland die Sitte das Hinterhaupt künstlich abzuplatten. Der von *Blumenbach*[140] abgebildete Neu Seeländer-Kopf macht den Eindruck künstlicher Applattung.

Gehen wir nun von Polynesien nach **Melanesien**, so finden wir zuerst **Viti** bezüglich folgende Notizen: Herr *Spengel*[141] sagt: „Und selbst künstliche Formung des Schädels durch Händedruck

---

136) Den weiteren Ausführungen des verdienten Reisenden vermögen wir allerdings nicht zu folgen.

136a) Journ. Anthr. Inst. VI, 208 1877.

137) l. c. Siehe auch *C. F. Wood:* A Yachting Cruise in the South Seas 1875, 41: „They have a custom of flattening the backs of their heads, considering that this improves their personal appearance; this is done by placing a heavy roll of tappa on the sleeping baby's head."

138) *L. A. Gosse:* Essai sur les déformations artificielles du crâne. III, 352 u. 387 Anm.

139) Bei *Waitz-Gerland* l. c p. 11.

140) Siehe *v. Ihering:* Nova pentas cran. taf. 70. 1873.

141) *J. W. Spengel:* Beiträge zur Kenntniss der Fidschi Insulaner. Journ. d. Mus. Godeffroy IV, p. 14 des Sep. Abdr.

bis zum neunten Monat ist nach *Prichard* eine hier weit verbreitete Sitte. Möglicherweise steht damit die grosse Verschiedenheit der Form unserer Schädel in Zusammenhang". Dagegen bemerkt Herr *Flower*[142]): „Neither these nor any other of the Fiji crania bear any certain evidence of having been designedly subjected to any process of artificial deformation, although one (no. 1130) is unsymmetrically distorted in the occipital region, being flattened on the right side"; Herr *Flower* hatte 35 Viti-Schädel vor sich.

Von Neu Caledonien berichtete Herr *Bourgarel*[143]) das folgende: „Une question des plus intéressantes, et sur laquelle je n'ai pas pu recueillir des renseignements aussi précis que je l'aurais désiré, est celle des déformations artificielles de la tête chez ces sauvages; cependant je tiens de MM. *Montrouzier* et *Forestier* qu'elles sont d'un usage assez général dans l'île, mais qu'elles ne consistent qu'en quelques pressions peu prolongées. Leur direction varie suivant les tribus: c'est tantôt en travers qu'a lieu la compression, de manière à allonger le crâne, tantôt en avant et en arrière pour l'élargir en le raccourcissant, comme à Ouagap et à Hienguen. On m'a affirmé qu'à Tuo la pression était pratiquée sur la voûte, et que dans le Sud elle n'était pas en usage. J'ignore la pratique suivie à Kanala. Je ferai seulement observer que, d'après les divers renseignements que j'ai pu recueillir et d'après ce que j'ai pu voir par moi-même, il me paraît certain que les indigènes ne se servent d'aucun appareil pour opérer les déformations, que les mains seules sont employées dans ce but au moment de la naissance de l'enfant, et nous savons combien peu d'influence a une compression exercée pendant quelques instants et seulement à cet âge". Herr *Davis*[144]) sagt von einem Kanala-Schädel: „The calvarium is exceedingly awry from parieto-occipital flattening on the right side, and concomitant flattening of the left side of the frontal". Herr *Montrouzier*[145]) erzählt: „Je me rappelle avoir vu, étant jeune, un pauvre enfant dont les parents avaient façonné la tête de manière à figurer tant bien que mal une croix; on l'exposait à la curiosité du public. .... C'est la pratique des diverses peuplades que j'ai pu observer aux îles Salomon, à Woodlark, à Rook, mais surtout en Nouvelle Calédonie. Dans cette dernière île, il est deux tribus qui ne sont pas distantes l'une de l'autre de plus de 20 milles, Tuo et Balade. Malgré ce rapprochement les naturels ont un facies tellement différent, que je les distingue fort bien non seulement en les regardant de face, mais encore en les voyant par derrière. C'est que l'on a la coutume chez les uns d'aplatir la tête du nouveau-né sur les côtés, ce qui la rend presque aussi étroite que le cou et fait saillir le front, et chez les autres de l'aplatir transversalement et de déprimer le front".

Auf den Neu Hebriden kommen in ganz hervorragender Weise abnorme Schädelformen vor[146]), und zwar besonders auf Mallicollo. Schon im Jahre 1775 theilte *Blumenbach*[147]) in seiner

142) *W. H. Flower*: On the cranial characters of the natives of the Fiji Islands. Journ. Anthrop. Inst. 1880, 113.
143) Mém. de la soc. d'Anthrop. I, 274 1863; siehe auch darüber *Davis:* Cran. West. Pacific, Nat. Verh. Holl. M. Wet. Haarlem XXIV. 1866 und Idem: On synostotic crania, ibid. XXII, 31 (das Citat p. 17).
144) Thes. cran. p. 308 no. 1159.
145) Bull. Soc. d'Anthrop. Paris 2. sér. V, 34. 1870. (Herr *X. Montrouzier* war Missionär auf der Insel Art.)

146) *G. Busk*, Journ. Anthrop. Inst. VI, 200 fg. 1877; *R. Krause:* Ueber macrocephale Schädel von den Neu Hebriden, Verh. d. Ver. f. naturw. Unterh. Hamburg IV, 1877. Tafel VI u. VII und: Die Ethn. Anthr. Abth. d. Mus. God. 1881, 616. Siehe auch *Davis:* On synost. cran. l. c. das Citat p. 17.
147) De gen. hum. var. nat. p. 66. *R. Forster* schon hielt die Depression der Stirn für „perhaps artificial".

Dissertation folgende Beobachtung nach *Forster* mit: „Caput eorum singularis structurae est, cum a nasi radice retro magis depressum sit quam in aliis hominibus". Herr *Krause* bemerkt (1. c.): „Die Deformation ist nach zweierlei Richtung hin geschehen; zuerst muss ein platter wahrscheinlich viereckiger harter Körper, welcher auf die Stirn durch Binden um das Hinterhaupt befestigt war, die Niederdrückung der Stirnwölbung besorgt haben; .... sodann hat eine quere, ebenfalls durch Binden oder Brettchen bewirkte Einschnürung der Scheitelbeine, sowie Herabdrückung der Scheitelhöhe unmittelbar hinter der Kranznaht stattgefunden, welche sich in einer über das ganze Schädeldach quer verlaufenden Rinne bemerkbar macht, die bis tief ins planum temporale hinein reicht". Herr *Davis*[148]) beschreibt auch scaphocephale Schädel von den Neu Hebriden mit offenen Nähten: „Here scaphocephalism becomes as it were a race-character"; solche Schädel erwähnt Herr *Davis* von Fate[149]) und von Api (no. 820); ferner schiefe Schädel von Tanna mit „parieto-occipital flattening on the right side (no. 685), on the left side (no. 814)"; auch die Herren *de Quatrefages & Hamy*[149a]) sprechen von einem ähnlichen Schädel von Tanna. Herr *Flower*[150]) bemerkt in Betreff der stark deformirten Neu Hebriden-Schädel: „The Mallicollo crania are all remarkable for the depression of the frontal region; but it has not yet been ascertained whether this is a natural conformation, or due to artificial compression in infancy". Und[151]): „No evidence has, however, yet been obtained of the existence of such a practice among the inhabitants". Herr *Davis* nimmt also unbedenklich an, dass die beobachtete Anomalie eine natürliche Bildung sei; Herr *Flower* hält eine solche für möglich, während Herr *Krause* sie ohne Zögern als eine Folge künstlicher Deformation betrachtet. Auch Herr *Busk* meint (1. c. pag. 202): „This peculiar deformation can only, I think, be regarded as artificial, as was suspected by *R. Forster*. It might be effected by a piece of bark or wood being bound on the forehead by a band passing round the back of the head and over the vertex in a figure of eight fashion", welcher Ansicht die Herren *de Quatrefages & Hamy* sich unbedenklich anschliessen (Cran. Ethn. 1879, 280). Da künstliche Deformation auf vielen benachbarten Inseln, wenn auch nicht in so ausgiebiger Weise geübt wird, so haben auch wir kein Bedenken der letzteren Annahme zu folgen, um so weniger als eine derartige Deformation als natürliche Bildung durchaus isolirt und unverstanden wäre, und zweifeln wir auch nicht, dass bald nähere Nachrichten über die Ausübung der Sitte von dorther zu uns dringen werden.

Von den Salomo Inseln ist uns nur Herrn *Montrouzier's* Angabe[152]), dass künstliche Deformation der Schädel dort vorkomme, bekannt geworden, und aus derselben Quelle die gleiche Angabe für die Insel Woodlark zwischen Neu Guinea und den Salomo Inseln, wie für Ruk zwischen Neu Britannien und Neu Guinea.

148) Thes. cran. p. 310 fg.

149) No. 817, 818, 819; von no. 818 p. 312 heisst es: „in its general form closely resembling the elongated distorted crania of the ancient Peruvians, but without any artificial deformation".

149a) Cran. Ethn. 1879, 281.

150) Cat. Ost. Vert. An. I, 214. 1879.

151) *W. H. Flower:* The native races of the Pacific Ocean, R. Inst. Gr. Brit. 1878, p. 33 des Sep. Abdr.

152) Bull. Soc. d'Anthr. Paris 2. sér. V. 34. 1870; siehe das Citat oben Seite 21.

Von Neu Guinea ist die grosse Zahl asymmetrischer Schädel auffallend, welche wir vom Nordwesten des Landes selbst und von den Inseln der Geelvinkbai mitbrachten[153]), ohne dass wir bis jetzt künstliche Deformation als Ursache zu constatiren wagten. Die Herren *de Quatrefages & Hamy*[154]) beschrieben einen mit occipito-frontaler künstlicher Deformation behafteten Schädel von Nordwest-Neu Guinea aus dem Stockholmer Museum und meinen: „Presque partout, malheureusement, les Négritos-Papous impriment à leur tête une déformation .... et ce n'est que dans de cas exceptionnels que les voyageurs ont pu se procurer de spécimens craniologiques ayant échappé à cette opération". *Lesson & Garnot* erwähnten (Voy. Coquille, Zool. I, 113. 1826) deformirte Schädel mit beträchtlicher hinterer Abplattung von der Insel Weigeü im Nordwesten Neu Guinea's: „Cet aplatissement est tel, qu'il forme une surface carrée, dont les angles seraient arrondis"; *Quoy & Gaimard* (Voy. Uranie & Physicienne, Zool. 1824, 7; siehe auch *de Freycinet* ib. Hist. 1829, 47 und *de Quatrefages & Hamy* Cran. Ethn. 1877, 211 fg., fig. 223 bis 225) solche von der kleinen Insel Rawak, im Norden Weigeü's, mit „aplatissement des parties antérieure et postérieure"; die Verfasser der Crania Ethnica (1877, 214, fig. 226) einen von der benachbarten kleinen Insel Boni, ebenfalls im Norden Weigeü's und östlich von Rawak gelegen, welcher im Jahre 1793 von *Labillardière* (*d'Entrecasteaux'* Expedition) mitgebracht worden war, bei welchem „l'aplatissement postérieur est poussé à l'extrême". Dieselben Autoren beschrieben endlich (l. c. p. 207 fg., fig. 220 und 221) ähnlich deformirte Schädel von der Insel Toud, in der Torresstrasse, wie auch die ebenda p. 210, fig. 222 abgebildete über dem Leben geformte Büste eines dortigen Eingeborenen die künstliche Hinterhauptabplattung deutlich erkennen lässt.

Das Dresdner Museum besitzt einen Schädel von Ceram (no. 1704), welchen wir Herrn *Riedel* verdanken, mit einer starken sattelförmigen Einsenkung hinter der Coronarnaht, möglicherweise die Folge von Nahtsynostosen, da wir nicht mit Sicherheit zu entscheiden vermögen, ob diese allein dem Alter zuzuschreiben sind. Ferner einen aus derselben Quelle stammenden von der kleinen Insel Boano (Bonoa), im Westen von Ceram (no. 1705), welcher füglich als Microcephalus angesprochen werden könnte; die auffallende Stirndepression ist vielleicht eine Folge künstlicher Deformation; wir werden auf diesen erst ganz kürzlich erhaltenen Schädel an anderem Orte zurückkommen.

Ferner erhielten wir von Herrn *Riedel* — leider erst während des Satzes dieser unserer Schrift, so dass eine eingehendere Berücksichtigung, wie sie es verdienten, nicht mehr möglich war und wir uns auf die folgende Notiz beschränken müssen — zwei Schädel von Tanah imbar (Tenimber), eine zur Timorlao (Timor lant)-Gruppe gehörigen Insel, westlich von Aru (no. 1706 und 1707), deren hochgradige Asymmetrie wohl absichtlicher künstlicher Deformation zugeschrieben werden muss. No. 1706 zeigt eine starke occipito-parietale Abflachung links mit ausgeprägter rechtsseitiger frontaler Depression. Zu den am stärksten asymmetrischen Schädeln jedoch, welche

153) Siehe oben unsere Anm. 88. Siehe auch über asymmetrische Papúa-Schädel die Noten auf Seite 235 der Mitth. d. Anthr. Ges. in Wien (IV, 1874) in unserer Abhandlung: „Einige Bemerkungen über den Werth,

welcher im Allgemeinen den Angaben in Betreff der Herkunft menschlicher Schädel aus dem Ostindischen Archipel beizumessen ist".

164) Cran. Ethn. 1877, 202 fig. 218.

uns überhaupt vorgekommen sind, gehört no. 1707; hier besteht eine occipito-parietale Abflachung ebenfalls links, welche so bedeutend ist, dass die Hinterhauptschuppe schroff nach oben ansteigt und die ganze rechte hintere Schädelhälfte weit nach rechts prominirt; die rechtsseitige Stirndepression ist entsprechend bedeutend ausgebildet. Während bei no. 1706 die Nähte zum Theil verstrichen sind, sind sie bei no. 1707 bis auf den untersten Theil der Coronarnaht links und ein Stück der Lambdanaht rechts offen, und wir stehen nicht an, das partielle Verstreichen dieser Nähte lediglich dem Alter des Individuums zuzuschreiben. Wir gedenken a. a O. ebenfalls auf diesen Schädel zurückzukommen und denselben abzubilden.

Von einem Timor-Schädel sagt Herr *Davis*[155]: „A skull of extraordinary form and proportions, being extremely brachycephalic and exhibiting a large parieto-occipital flattening. It has much the appearance of a hydrocephalic skull". Unter den vier Timor-Schädeln des Dresdner Museums, welche wir Herrn *Riedel* verdanken, zeigt keiner derartig auffallende Verhältnisse, und Herr *Riedel*, welcher so viele werthvolle Mittheilungen über künstliche Schädeldeformation auf Celébes gesammelt hat (siehe oben), erwähnte bis jetzt nichts Derartiges von Timor, wo er ebenfalls längere Zeit gelebt hat.

Um den Kreis der Inselwelt auf der östlichen Hemisphäre zu schliessen, erwähnen wir noch zweier Schädel des Dresdner Museums von Flores (no. 1561 und 1563) unter zehn ebenfalls Herrn *Riedel* zu verdankender, welche beide sehr stark asymmetrisch sind: no. 1561 mit rechtsseitiger occipito-parietaler und linksseitiger fronto-parietaler Abplattung, und no. 1563 mit starker occipito-frontaler Abplattung, welche, wie uns scheint, nicht anders als durch künstliche Einwirkung hervorgebracht worden sein kann.

Wir haben uns in vorstehender Umschau auf die Deformationen an Cranien beschränkt und die von den verschiedensten Völkern geübten Deformationen am Gesichtstheil des Schädels, an den Nasenbeinen, dem Oberkiefer, den Zähnen[156] etc. ausser Acht gelassen. Es ergab sich, wie ja im Grossen und Ganzen bekannt, wenn auch im Einzelnen nicht immer nachgewiesen, dass die Sitte, die Köpfe der Kinder zu deformiren, verbreitet ist durch ganz Amerika von den Eskimos bis Patagonien, quer durch Europa und Asien von Schottland bis zu den Nikobaren, in der Malayo-Polynesischen Inselwelt' von Madagaskar bis zur Oster Insel, während der Nachweis für Afrika bis jetzt nur sehr spärlich vorliegt; allein von überall her haben wir wahrscheinlich noch neue Daten zu erwarten. In Amerika scheint die Sitte so allgemein verbreitet gewesen zu sein, dass es schwer fällt, besondere Centren aufzufinden; für Europa scheinen solche Centren in Frankreich und in der Krym zu liegen; in der östlichen Inselwelt für Malaisien auf den Philippinen (siehe unten), für Melanesien auf den Neu Hebriden, wenigstens an diesen Orten ist die Deformation sehr in die Augen springend, während sie, wie wir sahen, in geringerem Grade von sehr vielen Völkerschaften ausgeübt wurde und wird. Da die Art und Stärke der Kopfumformung, selbst an sehr nahe benachbarten Orten, durchaus verschieden ist, so kann aus der Configuration der-

---

155) Thes. cran. Supplement 1875, 73 no. 1540.

156) Siehe u. A. *A. B. Meyer:* Notizen über das Feilen der Zähne bei den Völkern des Ostindischen Archipels, Mitth. d. Anthr. Ges. zu Wien 7, 214. 1878.

selben Nichts für eine etwaige ethnologische Verwandtschaft der Völker erschlossen werden, wie es schon Herr *Virchow*[157]) in folgenden Worten aussprach: „Man wird sich wohl darein finden müssen, anzunehmen, dass durch eine gewisse Uebereinstimmung des menschlichen Geistes . . . . derartige Gebräuche sich an den verschiedensten Orten festgestellt haben, ohne dass man daraus Folgerungen auf einen directen Zusammenhang der Völker ziehen darf und ohne dass man . . . . von dem Vorkommen gewisser Schädeldifformitäten berechtigt ist auf die Abstammung der Völkerschaften und auf prähistorische Wanderungen derselben zurückzuschliessen". Wir haben daher auch auf die verschiedenen Arten der Deformation des Schädels weiter kein Gewicht gelegt und stimmen Herrn *Topinard*[158]) bei, wenn er sagt: „C'est la pratique même de la déformation artificielle du crâne qui devient le caractère ethnique, et non tel type obtenu en particulier", nur dass dieser ethnische Charakter ein dem ganzen Menschengeschlechte angehöriger zu sein scheint.

Eine sehr nahe liegende und auch von vielen Schriftstellern berührte Frage ist daher die nach der Möglichkeit und Thatsächlichkeit der Vererbung der künstlich acquirirten Schädelform. Die theoretische Möglichkeit kann kaum in Abrede gestellt werden; vererben sich doch zufällig acquirirte Defecte, wie noch kürzlich Herr *Darwin*[159]) wiederum einige solche Vorkommnisse mitgetheilt hat, und wie Herrn *Brown Séquard's* bekannte Versuche am Meerschweinchen lehren; auch hat Herr *Gosse*[160]) ein paar Fälle von Vererbung deformirter Schädelformen angeführt, geschweige anderer hier einschlagender Erfahrungen, von denen wir nur diejenige der Hutmacher anziehen wollen, welche gefunden haben, dass unregelmässige Kopfformen sich vererben, und diejenige der Geflügelzüchter, welche lehrt, dass die blasenartig aufgetriebenen Stirnbeine der Hollenhühner[161]) sich vererben und schon im Beginne des Fötallebens ausgeprägt sind, wie wir uns selbst durch Brutversuche überzeugt haben.

Es ist jedoch auffallend, dass seit *Blumenbach*[162]) keine wesentlichen Erkenntnissfortschritte auf diesem Gebiete gemacht worden sind, denn sein Standpunkt in dieser Frage ist auch heute noch kein überwundener; er sagte vor fast einem Jahrhundert: „Neutram quidem harum sententiarum, neque affirmantem, neque negantem, hactenus meam facio, lubens vero negantibus calculum meum adjiciam, quando rationem reddiderunt, cur ejusmodi singularis confirmationis, primitus sive studio sive fortuito efficta, in posteros nullatenus propagari possint, cum tamen aliae notae gentilitiae ab aliis caussis hueusque ignotis, in vultu praecertim oriundae, ut nasus, aut labia, aut supercilia etc. passim in familiis per plures paucioresve generationes, majori minorive constantia propagentur, aeque de morbi organici, ut loquelae et pronunciationis vitia et quae sunt id genus alia; nisi forte et haec omnia casu tantum contingere malint".

Eine Reihe französischer Anthropologen hat sich gegen die Möglichkeit der Vererbung künstlich hervorgebrachter Schädeldeformationen ausgesprochen[163]): sowie diese nicht mehr geübt

---

157) Z. f. Ethn. II. 152. 1870.
158) Revue d'Anthr. 1879, 504.
159) Nature XXIV, 257. 1881.
160) l. c. IV, 61 fg. (siehe auch III, 323 der Fall einer vererbten Stirnnarbe).

161) Siehe *A. B. Meyer:* Abbildungen von Vogelskeletten I. Tafel 10, 1879.
162) De gen. hum. var. nat. 3. ed. 1795, 108
163) Bull. Soc. Anthr. Paris. 2, sér. VI, 120 fg. 1871. Siehe auch l. c. 1870, 78.

werde, behalte der Schädel seine natürliche Form; allein es fragt sich doch, ob unsere Beobachtungen und Erfahrungen schon so weit gediehen sind, um in dieser schwierigen Frage einen entschiedenen Standpunkt einnehmen zu können; es fehlen genügende Unterlagen, welche nunmehr, bei dem Schwinden des Gebrauches, immer schwieriger zu erlangen sein werden, es fehlen ad hoc angestellte, übrigens weniger schwierige als langwierige Thier-Experimente. Herr *Virchow* scheint neuerdings die Möglichkeit der Vererbung nicht mehr abzuweisen, wenn er sagt[164]): „Nichts desto weniger muss man, angesichts der grossen und auffälligen Verunstaltungen, welche man an zahlreichen Orten der Welt sowohl in früherer Zeit als gegenwärtig durch künstliche Druckeinwirkungen hervorgebracht sieht, die Möglichkeit zugestehen, dass durch energische Einwickelungen des Kopfes bei Neugebornen dauernde Abweichungen der Schädelformen erzeugt werden können".[165]) Auch *George Rolleston*[166]), dessen frühzeitiges Hinscheiden die Wissenschaft kürzlich zu beklagen hatte, vertrat eine ähnliche Ansicht mit folgenden Worten: „It has often been suggested, and, as regards alterations of nervous structures, not altogether unreasonably, that such artificially produced alterations may in course of time become hereditary. And it may be possible to explain the brachycephalism of most nomad and indeed of some other races by a reference to the mode of carriage in infancy".

Sollte es sich bei tiefer dringenden anthropologischen Studien als Thatsache erweisen, dass die so vielfach über die ganze Erde hin ausgeübte Sitte der künstlichen Schädeldeformation ein nicht unberücksichtigt zu lassender Factor für das Zustandekommen der vorhandenen verschiedenartigen Schädelformen gewesen sei, dann hätte diese Frage allerdings ein ganz besonderes anthropologisches Interesse zu beanspruchen; allein auch wenn die Ansicht von der Thatsächlichkeit der Vererbung der künstlich hervorgebrachten Schädelform sich nicht als stichhaltig erweisen sollte, so bliebe doch der so absonderliche Gebrauch stets ein würdiger Gegenstand der Betrachtung für den Ethnologen.

164) Beitr. z. phys. Anthr. d. Deutschen. 1876, 137.

165) Folgende wichtige Sätze desselben Forschers, welche Bezug haben auf die stetige Gestaltveränderung des Schädels und implicite auf die Vererbung der abgeänderten Form mögen beiläufig hier noch angezogen werden: „Je crois que le crâne se développe davantage chez ceux qui cultivent leur esprit, et que c'est surtout dans les parties temporales que se produit ce développement".

Und: „Il me paraît impossible d'expliquer seulement par le mélange la grande variation des types actuels. Alors il faudrait supposer une différence originaire des types si prononcée et si multiple, qu'on arriverait à une méthode tout étrangère d'envisager la formation de l'humanité en général. Il me semble qu'il est impossible de poser en principe une foule de races diverses qui seraient tout à fait différentes des premiers temps, et qui donneraient dans le cours des temps toutes les particularités des crânes actuels seulement par le mélange. Il me paraît qu'il n'y aura eu qu'une source unique, qu'il s'est formé ensuite une diversité de types comme il peut s'en former encore, donnant une certaine ressemblance en sens inverse" (Congr. intern. d'Anthr. Stockholme 1874, 319*fg.*).

166) *Greenrall & Rolleston*: Brit. Barrows. 1877, 573 (siehe auch unsere Anm. 94).

# Der künstlich deformirte Bórneo-Schädel des Dresdner Museums.

(Figur 3 und 4.

Ueber künstliche Schädeldeformation auf Bórneo war bis vor Kurzem Nichts bekannt. Wir erhielten jedoch im vorigen Jahre einen Schädel von Saráwak, an welchem die künstliche Deformation nicht zu übersehen war, und wandten uns deshalb an den bekannten und erfolgreichen Sammler auf den Philippinen und Bórneo, Herrn *Everett*, welcher jetzt in Papan, Nord-Bórneo, ansässig ist und sich längere Zeit in Saráwak aufgehalten hat. Herr *Everett* war so gütig, uns unter dem 25. August 1880 u. A. zu schreiben: „With regard to the custom of flatteuing the skull, I have heard that it is practised by the Kanowits and Malanau tribes in Sarawak". Wir trugen in Folge dessen Herrn *de Crespigny* in Saráwak, welcher seit lange dort lebt und bereits im Jahre 1876 einige Notizen über die Malanau's veröffentlicht hat[167]), die Bitte vor, uns womöglich den Apparat einzusenden, mit welchem die Deformation vorgenommen werde, und dieser Herr hatte die grosse Freundlichkeit, unserem Wunsche nachzukommen und uns unter dem 8. April d. J. zu schreiben: „I am sending by this post the little instrument you desired me to procure for you, used by the Malauan women in flatteuing the heads of their female children in order that their appearance may correspond with their parents idea of beauty". Die Malanau's oder Milanow's bewohnen Nordwest-Bórneo an der Küste zwischen Bruni und Tandjong Agri und gehören zum Reiche Saráwak. Der auf unserer Tafel, Figur 3, abgebildete Apparat, welcher von den Milanaus zum Schädeldeformiren gebraucht wird und welchen wir Herrn *de Crespigny* verdanken, ist mit vieler Sorgfalt gearbeitet und zeigt die Spuren längeren Gebrauches. Auf dem viereckigen Theil des Holzes (*a*) ruht der in Kissen gehüllte Kinderkopf, welcher hinten abgeplattet werden soll; die aus blauem Zeug zusammengenähten Bänder liegen (*b*) über der Stirn und (*c*) der Sagittalnaht und können vermittelst Fäden, welche in Löchern des Holzes *a* verlaufen, je nach Wunsch mehr oder weniger angezogen und befestigt werden, indem man sie durch die viereckige Oeffnung einer chinesischen Münze zieht und ein paar Perlen als Knoten davorlegt. So wenigstens scheint uns der Apparat angewendet zu werden. Jedenfalls beweist diese immerhin complicirte Vorrichtung, dass der Gebrauch ein eingewurzelter und vielfach ausgeübter ist. Die Länge des

---

167) Journ. Anthr. Inst. 1876, 34.

Brettes beträgt 325 mm, die Länge und Höhe des viereckigen Mittelstückes 90 und 60, die Länge des Stirnbandes 315, des Sagittalbandes 190 mm.

Inzwischen theilte auch Herr *Crocker*[168]) von den Milanow's das Folgende mit: „Their heads are flattened by means of pressure in infancy, but not to the extent of disfigurement"[169]); und Herr *Flower*[170]) bemerkte: „Though often undesigned they (i. e. deformations) are done purposely, I am informed, by Mr. *H. B. Low*, by the Dayaks in the neighbourhood of Sarawak". Ob der Schädel no. 262 des Museum Vrolik[171]) von Banjermassing künstlich deformirt sei oder nicht, wagen wir nicht zu entscheiden, jedenfalls ist er stark asymmetrisch: „Il est aplati dans la région occipitale et à droite un peu plus qu'à gauche, ce que lui donne une forme oblique; en revanche la bosse pariétale droite est plus prononcée que la gauche, ce qui augmente encore l'aspect asymmétrique du crâne".

Der Dresdner deformirte Börneo-Schädel (no. 1443 der Sammlung, fig. 4) wurde als von Saráwak herrührend von uns acquirirt; er war in einen aus Ratan (spanischem Rohr) geflochtenen Korb fest eingezwängt und hat in demselben wahrscheinlich lange Zeit in der Hütte oder über dem Heerde gehangen, denn er ist stark gebräunt und war von einer Schmutz- und Russ-Kruste überzogen. Der Unterkiefer ist defect; derselbe scheint ausserdem seine natürliche Form durch die über dem Heerde herrschende Hitze etwas verändert zu haben, und ist seine Zugehörigkeit zu dem Cranium daher nicht über allen Zweifel erhaben. Im Oberkiefer fehlen links: Mol. III, praemol. II, inc. I, II; rechts: Mol. III, praemol. I, II, inc. II, can.; im Unterkiefer links: Mol. III, can., inc.; rechts: Inc. Die Kauflächen der Zähne sind stark abgenutzt. Mittelschwerer Schädel. Augenbraueuwülste sehr schwach ausgebildet, wie auch alle anderen Prominenzen, so dass wir den Schädel für einen weiblichen ansprechen möchten. Alle Nähte erhalten; die Coronarnaht in ihren unteren Partien stark fein gezackt[171*]), ebenso die Sagittal- und die Lambda-Naht; letztere enthält in ihrem mittleren Verlaufe breite Knocheninseln. Stirn niedrig. Schwacher Rest der Stirnnaht über der Nasenwurzel. Nasenbeine auffallend flach. Starke alveolare Prognathie. Das Hinterhaupt wendet sich vom hinteren Rande des Hinterhauptloches in einem Winkel von circa 45° nach oben, erfährt dann eine Knickung und steigt steil an. Die lineae semicirculares externae oss. occ. sind deutlich ausgeprägt, wie auch die crista occ. ext. Die ganze Occipito-parietal-Gegend ist flach, selbst concav. Die lineae semicirculares oss. par. gut ausgeprägt. Bis auf das Hinterhauptbein ist der Schädel symmetrisch.

168) Proc. R. Geogr. Soc. London 1881, 199.

169) Herr *Crocker* fügt hinzu, dass diese Sitte den Milanow's eigenthümlich sei und bei keinem anderen Volke im Ostindischen Archipel geübt werde: nur bei den Indianern der Moskitoküste in Central Amerika finde man sie zurück. Man darf sich über eine solche Bemerkung nicht verwundern, einerseits in Anbetracht der Abgeschiedenheit, in welcher der Europäer im fernen Osten hinsichtlich literarischer Hilfsmittel zu leben hat, andererseits in Anbetracht der Schwierigkeit, an Ort und Stelle Kenntniss von dieser eigenthümlichen, wenn auch weit verbreiteten Sitte zu gewinnen, wie ja aus der Geschichte unseres Gegenstandes, welche den Bemerkungen der vorigen Seiten zu entnehmen ist, genugsam erhellt. Dass jedoch die sonst so versirte Redaction der Tijdschrift voor Nederl. Indie diese Bemerkungen des Herrn *Crocker* ohne Weiteres übergenommen (Juli 1881, pag. 9) und dadurch gewissermassen sanctionirt hat, ist auffallend.

170) *F. H. Flower*: Fashion in Deformity as illustr. in the customs of barbarous & civilised races, London 1881, 42.

171) *J. L. Dusseau*: Musée Vrolik. 1865, 116.

171a) Künstlich deformirte Schädel scheinen häufiger gezackte Nähte aufzuweisen.

Der Druck bei der künstlichen Deformation scheint ausser senkrecht von hinten auch von rechts unten ausgeübt worden zu sein, denn die rechte basilare Partie des Schädels ist ganz verdrückt.

## Maasse:

# Die künstlich deformirten Mindanáo-Schädel des Dresdner Museums.

(Figur 5 und 6)

Ueber den Gebrauch der künstlichen Schädeldeformation von Seiten der Bewohner der Philippinen besitzen wir eine ältere Nachricht, welche neuerdings wiederum bestätigt worden ist; dieselbe findet sich bei *Thévenot*[172]) (1664), bezieht sich wahrscheinlich auf die erste Hälfte des 17. Jahrhunderts[173]) und lautet: „Ils auoient accoustumé dans quelques-vnes de ces Isles, de mettre entre-deux ais la teste de leurs enfans, quand ils venoient au monde, et la pressoient ainsi, afin qu'elle ne demeura pas ronde, mais qu'elle s'estendit en long; ils luy aplatissoient aussi le front, croyant que c'estoit vn trait de beauté de l'auoir ainsi".

Herr *Jagor* sammelte in den sechziger Jahren in den Höhlen von Lanang auf Samar, von Nipa-Nipa an und in der Strasse zwischen Samar und Leyte, und von Caramuan im Südosten Luzon's eine Reihe zum Theil sehr stark deformirter Schädel mit vorderer und hinterer Abplattung[174]); Herr *Schetelig* in Tabaco in der Provinz Albay, ebenfalls im Südosten Luzon's, zwei weibliche, seitlich abgeplattete Bicol-Schädel auf einem Kirchhofe, und in der Nähe von Albay zwei deformirte Cimarronen-Schädel, welche einer Mischlingsrace von Negrito's und Bicol's angehören[175]), und von welchen einer, der weibliche, durch seine dreilappige Hinterhauptwölbung den deformirten Schädeln von der Insel Sacrificios im Golf vom Mexiko ähnlich ist[176]). Ferner wurden Herrn *Virchow* vier deformirte Schädel von der Höhle Cagraray bei Albay am Ostende Luzon's eingesandt, welche den deformirten Schädeln von Lanang auf Samar am ähnlichsten sind[177]).

Von den von uns aus der Provinz Bataan in Zambales auf West Luzon mitgebrachten sechs Negrito-Schädeln bemerkte Herr *Virchow*[178]), dass an denselben Erscheinungen vorkommen, „welche nicht füglich anders als durch künstliche Abplattung hervorgebracht sein können. .... Durch die Biegung oder Knickung der Fläche der Hinterhauptschuppe ist eine starke, fast senkrechte Abplattung des Hinterhaupts und zugleich eine solche Verbreiterung herbeigeführt worden, dass die Schädel gewissen Peruaner-Schädeln in hohem Grade ähnlich sind. Alles in Allem finde ich,

172) l. c. (siehe unsere Anm. 72) vol. I in dem Abschnitt: „Rel. des Isles Philippines faite par vn Religieux qui y a demeuré 18 ans" p. 6.

173) Siehe *Gosse*: l. c. III, 375, *Virchow*: Z. f. Ethnol. II, 161, 1870 und III, Verh. 40, 1871, sowie *Gosse*: Z. f. Ethn. V, Verh 75, 1873.

174) Siehe *Virchow*: l. c.

175. Siehe *Virchow*: Z. f. Ethn. III, Verh. 35, 1871.

176) Siehe *Virchow*: l. c. V, Verh. 79, 1873.

177) l. c. XI, Verh. 422, 1879.

178) l. c. IV, Verh. 205, 1872. Siehe auch *A. B. Meyer*: Die Negrito's oder Aëtas der Philippinen. 1878, 29 fg.

dass unter den sechs Schädeln nur einer vorhanden ist, welcher den vollen Eindruck eines natürlich ausgebildeten, regelmässig gewachsenen Schädels macht, und, was nicht unwichtig zu bemerken
ist, gerade dieser ist unzweifelhaft ein männlicher; die anderen dagegen sind weibliche Schädel[179]".
Und, nachdem noch weitere sechs von uns gesammelte Negrito-Schädel vorlagen[180]): „Spuren künstlicher Verunstaltung finden sich an der Mehrzahl der Schädel". Die künstliche Abplattung des
Hinterhauptes ist auch sehr deutlich sichtbar an den von uns an Ort und Stelle im Jahre 1872
angefertigten Portraitskizzen von Negritos, von denen wir einige auf Tafel III und II unserer
Schriften: „Die Kalangs auf Java" (Dresden 1877) und: „Die Negritos oder Aëtas der Philippinen"
(Dresden 1878) wiedergegeben haben. Der steil senkrecht verlaufende Hinterkopf wirkt von hinten
gesehen um so auffallender als an demselben vielfach in einem länglich viereckigen Stücke die
Haare entfernt werden. Uns fiel sowohl die eigenthümliche Kopfform, die aussergewöhnliche
Kurzköpfigkeit, als auch diese glatt rasirte Parthie des Hinterkopfes sehr auf, bemerkten dieses
besonders in unseren Aufzeichnungen und gaben in unseren Skizzen die Kopfformen deshalb
möglichst genau wieder, ohne aber dass wir damals an künstliche Deformation dachten. Auffallend ist es, dass Herr *Virchow*[181]) von neuerdings erhaltenen 31 Negrito-Schädeln von Balanga,
Bataan, Isabela und Zambales auf Luzon sagt: „Ausgemachte Brachycephalie und Prognathie ohne
Spuren von künstlicher Deformation bei verhältnissmässiger Kleinheit"; wogegen Herr *Schadenberg*[182]) von den Negrito's aus derselben Gegend (Bataan, Zambales, Mariveles, Pampanga) bemerkt: „Eine künstliche Umformung der Schädel bald nach der Geburt war mir nicht möglich
zu beobachten, dieselbe muss aber theilweise stattfinden, da einige in meinem Besitze befindlichen
Schädel[183]) diese gewaltsame Veränderung genau zeigen". Herr *Schadenberg* hat jedoch diese künstliche Deformation nicht näher beschrieben. Weiters bemerkte Herr *Virchow*[184]) von einem von
uns mitgebrachten Igorroten-Schädel von West Luzon, er sei „so schmal, dass man in der That
die Frage aufwerfen könnte, ob dieses eine natürliche Form ist".

Endlich beschrieben die Herren *de Quatrefages* d' *Hamy* (Cran. Ethn. 1876, 179. fig. 199)
zwei künstlich deformirte Hilloonas (Negrito?)-Schädel vom südwestlichen Mindanao aus der
Nähe von Zamboanga, welche eine occipito-parietale und entsprechende frontale Abplattung auf-
weisen; und Herr *Semper* sammelte in den sechziger Jahren in einer Höhle eine halbe Stunde von
Lianga im südöstlichen Mindanao zwei künstlich stark deformirte Schädel, ohne aber dass nähere
Fundortsnotizen für dieselben vorlägen. Wir haben diese letzteren in dem Verzeichniss der Race-
schädel des Dresdner Museums bereits kurz erwähnt[185]), und bilden sie nunmehr auf unserer Tafel
Figur 5 und 6 ab.

179) Siehe oben pag. 27 die Bemerkung des Herrn
de Crespigny über die künstliche Deformirung der Mäd-
chenköpfe bei den Milanau's auf Börneo.
180) Bei *F. Jagor:* Reisen in den Philippinen. 1873.375.
181) Z. f. Ethn. XI, Verh. 427. 1879.

182) l. c. XII, 135. 1880.
183) Herrn *Schadenberg* lagen neun Schädel vor.
184) l. c. IV, Verh. 205. 1872.
185) *A. B. Meyer:* Mitth. a. d. K. Zoolog. Mus. zu
Dresden, III, 335 und 345. 1878.

### No. 1385 von Lianga, Mindanao.

Grosser ziemlich defecter Schädel mit verwitterter Oberfläche; es fehlt das rechte Schläfenbein, und vom Hinterhauptbein ist nur die linke Hälfte und ein kleiner Theil der rechten Schuppe vorhanden. Mol. III. im Durchbrechen; die Zähne in gutem Zustande, es fehlen jedoch im Oberkiefer die Schneide- und Eckzähne, und im Unterkiefer ist nur der linke praemol. I. vorhanden. Geschlecht? Nähte sämmtlich erhalten; die Kranznaht links und die Lambdanaht stark gezackt, in letzterer rechts Knocheninseln. Zackige Reste der Stirnnaht über der Nasenwurzel. Lineae temporales deutlich ausgeprägt.

Die künstliche Deformation hat in der Richtung von vorn nach hinten stattgefunden und scheint es das Bestreben gewesen zu sein, den Kopf platt zu drücken. Die sattelförmige Einsenkung der Scheitelbeine hinter der Kranznaht ist nicht so tief wie bei dem Schädel Nr. 1386, wenn auch immerhin sehr bedeutend; dagegen ist die Stirndepression stärker und das Hinterhaupt mehr nach hinten gedrängt, nicht platt gedrückt. Der hintere Theil der Scheitelbeine ist fast senkrecht abfallend an den tubera, und das Hinterhauptbein tritt kaum etwas in dieser Fläche nach hinten vor. Die Symmetrie des Schädels ist dabei gestört, die rechte Hälfte etwas abgeflacht.

### Maasse:

| | |
|---|---:|
| Grösster Horizontalumfang | 509 |
| Profilwinkel | 87°5 |
| Länge | 170 |
| Breite | 156 |
| Höhe | 139 |
| Gesichtsbreite | 113 |
| Geringste Breite | 74 |
| Stirnbreite über den Augen | 101 |
| Grösste Stirnbreite | 125 |
| Breite der Nase zwischen den Augen | 27 |
| Nasenbreite | 22,5 |
| Nasenlänge | 52 |
| Gesichtslänge | 114 |
| Breite der Orbita | 36 |
| Höhe der Orbita | 33 |

(Capacität wegen des Defectes nicht zu messen.)

## No. 1386 von Lianga, Mindanao.

Ziemlich schwerer, gut erhaltener Schädel. Alveolarfortsatz des Oberkiefers, sowie Unterkiefer fehlen. Geschlecht? In der Kranznaht beiderseits, im unteren Theile der Lambdanaht und in der Schläfennaht zahlreiche Schaltknochen. Die lineae temporales verlaufen ziemlich weit von einander. Stenokrotaphie.

Die künstliche Deformation erfolgte einerseits von unten und hinten und von der Stirn aus, andererseits durch eine breite Binde quer über den Scheitelbeinen, hinter der Kranznaht, so dass hier eine tiefe, breite Furche entstand. In dem hinteren Theile der Sagittalnaht befindet sich ebenfalls eine Einsattelung und die tubera parietalia stehen blasenartig vor, also, wie es scheint, ähnlich dem oben erwähnten weiblichen Cimarronen-Schädel von Luzon und den têtes trilobées *(Gosse)* vom Golf von Mexiko, wenn auch nicht so stark ausgeprägt, wie an Herrn *Gosse's* Abbildungen.[186]) Das Hinterhaupt prominirt mehr als bei dem Schädel no. 1385, die schräge Abflachung der Stirn ist jedoch nicht so ausgeprägt. Die Asymmetrie ist nicht bedeutend; nur die rechte Hinterhauptgegend erscheint etwas flacher als die linke. Die Deformation im Ganzen kann den stärksten bekannten zur Seite gestellt werden.

### Maasse:

| | |
|---|---:|
| Capacität | 1315 |
| Grösster Horizontalumfang | 493 |
| Profilwinkel | 94° |
| Länge | 167 |
| Breite | 152 |
| Höhe | 142,5 |
| Entfernung der Gelenkgruben des Unterkiefers | 103 |
| Breite der Jochbögen | 136,5 |
| Gesichtsbreite | 122 |
| Geringste Breite | 78 |
| Breite der Stirn über den Augen | 100 |
| Grösste Stirnbreite | 116 |
| Breite der Nasenbeine zwischen den Augen | 30 |
| Nasenbreite | 26 |
| Nasenlänge | 54 |
| Breite der Orbita | 36 |
| Höhe der Orbita | 35 |

186) l. c. III Tafel 1 fig. 4a und 4b, und IV Tafel VI fig. 5.

# Anmerkung.

Die Capacität deformirter Schädel variirt sehr bedeutend; eine vergleichende Zusammenstellung kann jedoch keine Bedeutung beanspruchen, wenn eine Trennung nach den Geschlechtern nicht möglich ist. Die Dresdner deformirten Schädel weisen folgende Zahlen auf, welche wir trotzdem bekannt geben wollen:

Tschinuk, Nord Amerika (no. 809) . . . . . . . . . . . . . . . 1190

" " (no. 810) . . . . . . . . . . . . . . . 1315

Algadon Bay. Bolivia (no. 1398) . . . . . . . . . . . . . . . 1185

" " (no. 1376) . . . . . . . . . . . . . . . 1210

" " (no. 1399) . . . . . . . . . . . . . . . 1340

Pahakama, Perú (no. 592) . . . . . . . . . . . . . . . . . . . 1140

Lima, " (no. 1397) . . . . . . . . . . . . . . . . . . . 1225

Araucaner, Chili (no. 1391) . . . . . . . . . . . . . . . . . . . 1255

Patagonien (no. 1552) . . . . . . . . . . . . . . . . . . . . . . 1120

Lianga, Mindanáo, Philippinen (no. 1386) . . . . . . . 1325

[Nipa-Nipa, 1.Höhle, Samar, " (Virchow) . . . . . . . . 1380]

[Cimarron, weibl., Luzon, " " . . . . . . . . 1380]

[Lanang, Samar, " " . . . . . . . . 1510]

Saráwak, Bórneo, weiblich? (no. 1443) . . . . . . . . . . . . . 1300

[Frankreich, weibl. (Broca, B. S. Anthr. 1871. 108) . . . . . . 1043]

" (no. 742) . . . . . . . . . . . . . . . . . . . . . . 1450]

" (no. 741) . . . . . . . . . . . . . . . . . . . . . . 1460]

# Inhalt.

## Erklärung der Tafel.

Druck von B. G. Teubner in Dresden.

Bei fig. 3 stehen die Buchstaben *b* und *c* nicht am richtigen Platze; mit *b* (Text S. 27) sollte das lange horizontal liegende Band bezeichnet sein, welches der Stirn angelegt wird, mit *c* das verkürzt gezeichnete, welches über der Sagittalnaht zu liegen kommt.

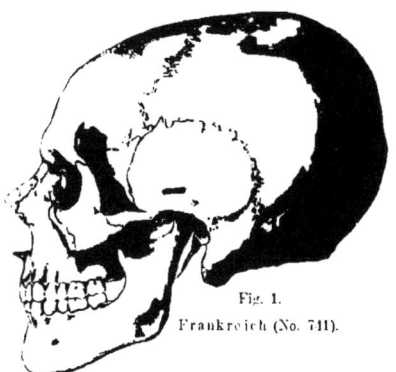

Fig. 1.
Frankreich (No. 711).

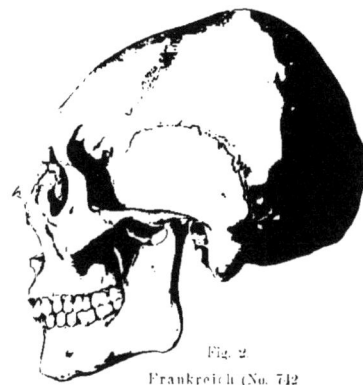

Fig. 2.
Frankreich (No. 712

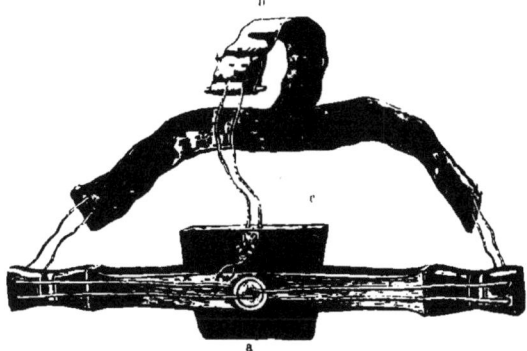
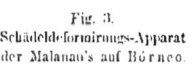

Fig. 3.
Schädeldeformirungs-Apparat
der Malanau's auf Bórneo.

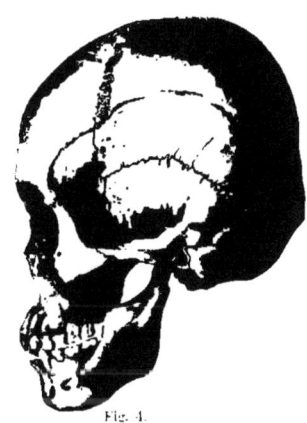

Fig. 4.
Bórneo (No. 1443)

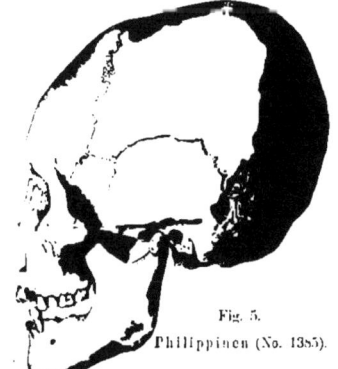

Fig. 5.
Philippinen (No. 1385).

Fig. 6.
Philippinen (No. 1386).